Tagebücher aus dem Feldzug 1809 (I)

Infanterie-Brigade von Lecoq

Beiträge zur sächsischen Militärgeschichte zwischen 1793 und 1815

Heft 50

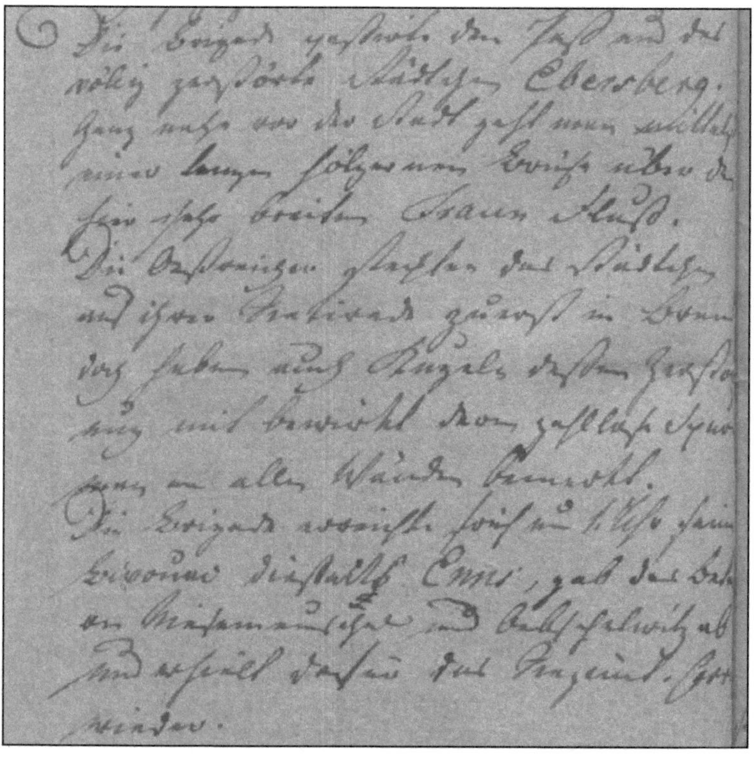

Abb. 01 Faksimile der Seite mit den Eintragungen vom 31.05.1809

Tagebücher aus dem Feldzug 1809 (I)

Infanterie-Brigade von Lecoq

Bibliographische Information der Deutschen Bibliothek

Die Deutsche Bibliothek verzeichnet diese Publikation in der Deutschen Nationalbibliographie; detaillierte bibliographische Daten sind im Internet über http://dnb.ddb.de abrufbar.

Die Deutsche Bibliothek – CIP – Einheitsaufnahme

Jörg Titze (Hrsg.)

Tagebücher aus dem Feldzug 1809 (I): Infanterie-Brigade von Lecoq

ISBN 978-3-7481-6650-4

Herstellung und Verlag:

Books on Demand GmbH, Norderstedt

Vorwort

Im Hauptstaatsarchiv Dresden befindet sich im Bestand 11 339 (Generalstab) eine Akte mit den Titel:

„Tagebuch über den Feldzug 1809, geführt bei der Infanterie-Brigade von Lecoq"

welche – aller Wahrscheinlichkeit nach – von einem oder beiden Adjutanten[1] der Brigade[2] geführt wurde und im Heft wiedergegeben ist.

Zahlreiche Streichungen und Ergänzungen lassen vermuten, dass es sich hierbei um das original geführte Tagebuch handelt.

Das Tagebuch umfasst die Zeit vom 30.03. – 13.09.1809, die enthaltenen Stärkemeldungen gehen dagegen bis zum 21.01.1810. Mit dieser Akte scheint daher nur ein Teil der Aufzeichnungen vorzuliegen. Auch wird im Text auf Ansprachen des General von Lecoq (z.B. am 15. und 29.04. sowie 07.05.) verwiesen, die nur mit ein paar Worten Eingang gefunden haben, so dass wohl der volle Wortlaut an anderer Stelle abgelegt war.

---

[1] Im Text des Tagebuches wird an verschiedenen Stellen von zwei Adjutanten gesprochen. Exner gibt in seinem Werk über den Feldzug 1809 nur einen Adjutanten (Premierleutnant Friedrich Heinrich von Koppenfells vom IR von Low; Patent vom 10.09.1808) und einen Ordonnanz-Offizier (Sousleutnant Carl Anton von Oebschelwitz vom IR Burgsdorff; Patent vom 01.11.1807).

[2] Exner gibt den Bestand der Brigade mit Stand 10.06.1809 mit:

2 Bne IR Prinz Clemens, OSL v.Mellentin; 33 Offz., 1.126 Mann

2 Bne IR v.Low, Oberst v.Zichlinsky; 36 Offz., 1.096 Mann

2 Bne IR v.Cerrini, Oberst v.Metzsch; 38 Offz., 1.016 Mann

Bedanken möchte ich mich bei den Damen und Herren des Hauptstaatsarchives in Dresden für die wie immer problemlose Bereitstellung der Akten.

Natürlich möchte ich mich auch bei Ihnen, verehrter Leser, dafür bedanken, dass Sie sich zum Kauf dieses Buches entschlossen haben. Insofern Sie Anregungen und Kritiken haben oder mir einfach nur mitteilen wollen, ob Ihnen das Buch gefallen hat, so können Sie mich via email unter sachsen-titze@t-online.de erreichen.

Ihr

Jörg Titze

Das unter dem Ober-Kommando des Französischen Reichsmarschalls Fürsten von Ponte Corvo stehende, in marschfertigen Stand gesetzte Königl. Sächs. Truppenkorps von 14.000 Mann stehet im Detail unter den unmittelbaren Befehlen des kommandierenden Herrn Generalleutnants v. Zezschwitz und wurde nach dem Tagesbefehl vom 30[n] März 1809 in 4 Infanterie-Brigaden eingeteilt, welche nach einer Ordre vom 10[n] April wie folget sich regulierten:

I[ste] Division Divisonär Generalleutnant von Zezschwitz

1ste Brigade Generalmajor von Hartitzsch

1 Bataillon Leib-Grenadier-Garde
1 Bataillon Grenadiere von Bose
1 Bataillon Grenadier von Hacke
2 Bataillone König
1 Bataillon von Dyherrn

2te Brigade Generalmajor von Boxberg

2 Bataillone Prinz Maximilian
2 Bataillone Prinz Friedrich August
2 Bataillone Prinz Anton

II[te] Division Generalleutnant von Gablenz

1ste Brigade Generalmajor von Lecoq

2 Bataillone Prinz Clemens
2 Bataillone von Low
2 Bataillone von Cerrini
1 Batterie schwere 8-Pfünder Kapitän Coudray

2te Brigade Generalmajor von Zeschau

1 Bataillon von Oebschelwitz
2 Bataillone von Niesemeuschel

1 Bataillon Grenadiere von Winckelmann
1 Bataillon Grenadiere von Radeloff

Bis mit **den 14^{n} April** kantonierte das Korps in und bei Dresden, auch hatten einige Bataillone am 12^{n} April ein Lager bei Reichenberg bezogen. Die Vorposten standen auf dem rechten Elbufer unter den Befehlen des Hrn. Generalmajors von Lecoq, hatten sich auf dieser Seite von der Elbe längs der Grenze bis Seidenberg, ausgedehnt und zum Replie die Regimenter von Niesemeuchel und von Cerrini, sowie ein Teil des Regiments Prinz Johann rückwärts Stolpen stehen; das Quartier des Hrn. Generalmajors von Lecoq war vom 1^{n} April an Weissig. Die Vorposten auf dem linken Ufer der Elbe standen unter den Befehlen des Generalmajors von Goldacker.

Durch den Tagesbefehl vom 12^{n} April war es dem Korps bekannt gemacht, das am 9^{n} April die Feindseligkeiten ihren Anfang genommen hätten. Am 10^{n} April passierte die Österreichische Armee den Inn.

Am 15^{n} April setzte sich das ganze Korps in Marsch und erreichte an diesem Tage die Gegend Meißen. Der Herr General von Lecoq erließ heute folgenden Aufruf schriftlich an die Soldaten seiner Brigade: „Der Krieg gegen Österreich pp."

Am 16^{n} April bis in die Gegend Lohthayn

17^{n}	Waldheim b. Döbeln
18^{n}	Geithain b. Rochlitz
19^{n}	Altenburg
20^{n}	Gera

21^{n} Roda
22^{n} Jena
23^{n} Weimar
24^{n} Rasttag

Nach einer Order vom 24^{n} April sollte von hier aus der Hr. Generalmajor von Lecoq mit der unterhabenden Brigade – jedoch ohne Artillerie – über Arnstadt, Bennshausen und Themar gehen, und sich bei Römhild am 29^{n} mit dem Korps wieder vereinen. Der übrige Teil des Korps sollte die Straße über Erfurt, Ohrdruff, Schmalkalden und Meiningen einschlagen, so wie die Equipage, die Pontons, die maroden Leute und entkräfteten Pferde der Artillerie auf der Straße über Erfurt, Gotha, Tambach, Wasungen und Melrichstadt dirigiert sind. Zu dem Marsch übers Thüringerwald-Gebirge fasste die ganze Division am 25^{n} auf 2 Tage Brot in Erfurt.

Zufolge dieser Anordnungen marschierte der Hr. General von Lecoq am 25^{n} April bis in die Gegend von Ichtershausen.

An diesem Tag erhielt Sr. Durchlaucht der Fürst von Ponte Corvo die Nachricht von der am 20^{n} April gewonnenen Schlacht bei Neustadt an der Donau, welche zur Folge hatte, dass der Fürst die bereits angeordnete Marschdirektion veränderte, und das ganze Korps durch nachfolgende Märsche eine Linksschwenkung machen ließ:

Am 26^{n} April bis in die Gegend Kranichfeld
27^{n} Rudolstadt

28^{n} Saalfeld

29^{n} Schleiz

Auf dem heutigen Rendezvous redete der Hr. Generalmajor von Lecoq seine Brigade mit folgenden Worten an: „ Soldaten! Ich habe den Auftrag erhalten pp.“

30^{n} Plauen

1^{n} Mai Hof

An diesem Tag marschierte die 2te Division zum ersten Mal zusammen. Bei Pirck war das Rendezvous der Division; rechts abmarschiert, die Parole: à la tête. Die Division erreichte gegen 4 Uhr nachmittags Hof.

Es wurden während des Marsches in der linken Flanke Seitenpatrouillen gemacht.

Der General Gutschmidt stand heute in der Gegend von Asch. Das Delogement war folgendes:

Die ganze Infanterie, ausgenommen 1 Bataillon der Brigade Zeschau lag in Hof, 3 Eskadrons Prinz Johann nebst beiden Batterien ebenfalls sowie das Hauptquartier des Prinzen und der Division auch zu Hof war.

Die Leib-Kürassier-Garde lag in Dauberlitz, Dohlau, Kauerndorf.

Das einzelne Bataillon von der Brigade Zeschau in Cotza, Hafeneck, Poseir.

Um 6 Uhr abends wurden Feldwachen auf die Straßen von Wunsiedel, Kronach, Kulmbach pp. gesetzt, die Brigade Lecoq gab hierzu 1 Offizier, 6 Unteroffiziere und 50 Gemeine.

Am 2^{n} Mai bis Wunsiedel am Fuße des Fichtelgebirges.

Die Division hatte ihr Rendezvous vor Hof auf der Straße nach Wunsiedel. Die Division war links abmarschiert, die Brigaden in sich aber rechts. In dieser Marschordnung erreichte die Infanterie das Dorf Rausteg, wo sie nachfolgenden Befehl und Delogement erhielt. Die Kavallerie wurde während des Marsches vorwärts genommen, weil man eine östreichische Patrouille entdeckt haben wollte.

Delogement der 2ten Division

Grenadier-Bat: Winkelmann 2 Piecen Battr: Großmann	Rausteg
General Zeschau 1stes Bat: Niesemeuschel 2 Piecen Battr: Großmann	Göbfersgrün
2tes Bat: Niesemeuschel 2 Piecen Battr: Großmann	Singentengrün
Bat: Oebschelwitz	Biberbach
Grenadier-Bat: Radelof 1tes Bat: Low	Holenbrunn

Das 1te Bataillon Low ist für heute an die Befehle des Generalmaj. v.Zeschau gewiesen.

Die Brigade Lecoq nebst der Batterie Coudray in Wunsiedel.

General v.Feilitzsch mit 3 Eskadr: nach Bernstein, 1 Eskadr: nach Diersheim.

Der General v.Gutschmidt besetzt heute Schirnding und Arzberg.

General v.Feilitzsch erhält die Kommunikation mit dem General v.Gutschmidt; General v.Zeschau die mit dem General v.Feilitzsch.

Par Bataill: bleibt eine Kompanie vor den Delogements auf der Seite nach dem Feind zu au Bivouac. Im Falle eines Alarms versammelt sich alles vor Wunsiedel.

Es wird auf den Straßen nach dem Feinde zu unaufhörlich patrouilliert.

Die übrigen Regimenter der Brigade Lecoq liegen in Wunsiedel. Von dieser Brigade biwakieren ebenfalls 3 Kompanien auf der Straße nach dem Feinde zu.

Den 3ⁿ Mai bis Kemnath

Die Equipage brach heute früh 3 Uhr auf eben diesem Wegen auf. Sie wurde jedoch ferner hin auf die Straße nach Amberg zu dirigiert und blieb von der Division getrennt. Der Maj: v.Egidy wurde zu deren Führung bestimmt. Die Division hatte früh um ½ 8 Uhr vor Wunsiedel das Rendezvous und vereinigte sich bei Kulmey mit der 1sten Division. General Feilitzsch machte die Arriergarde und setzte sich während des Marsches durch kleine Kommandos mit dem General Gutschmidt, der heute nach Falkenberg kommt, in Verbindung.

Das Hauptquartier war heute in Kemnath, woselbst auch die ganze Brigade Lecoq lag. Es mussten 3 Kompanien biwakieren, welche nach der Spitze des Feindes zu Feldwachen aussetzten.

Auf diesem Marsch wurde ein Zweig des Fichtelgebirges überstiegen, unter dem Namen der Ide Wald bekannt.

Den 4^{n} Mai bis Weiden an der Nabe

Die Equipage, deren erste Bestimmung nach Gräfenwarth war, brach heute früh um 3 Uhr auf und vereinigte sich bei Kulmay und marschierte unter Anführung eines Majors von der Brigade Hartitzsch auf der Straße nach Amberg zu. Sie blieb heute von dem Korps getrennt.

Das ganze Korps marschierte heute früh um 6 Uhr ab und vereinigte sich bei Pressat. Auf dem Marsch dahin ging jedoch der Befehl ein, nach Weiden zu marschieren und unten verzeichnete Quartiere zu beziehen. Durch diese neue Marschdirektion nahmen die Kolonnen ihre rechte Schulter vor und näherten sich der Grenze Böhmens.

Das Hauptquartier war heute in Weiden, wo auch die Brigade Zeschau lag. Die Brigade Lecoq hatte heute nachgenannte Quartiere:

Reg: Clemens 1stes Bat: Cerrini	Lötzschau
2tes Bat: Cerrini	Pechtsried
Reg: Low	Birek, Irchenried, Büscheldorf

In Birek lag der Generalmajor von Lecoq. Der Weg, den heute die Infanterie und Kavallerie nebst den Batterien von Pressat aus – wo das Korps von der Chaussee leicht abging – über Neukirchen durch den Wald passierte, war äußerst schlecht; für die Artillerie musste der Weg mehrmals gebessert werden.

In jedem Kantonnement musste pr. Bat: eine Kompanie au Bivouac ausrücken und Posten nach der Seite des Feindes zu aufstellen.

Den 5^{n} Mai bis Pfrumt am linken Ufer der Nabe

Die beiden Divisionen brachen heute um 6 Uhr auf und vereinigten sich bei Luhe.

Delogement

General Polenz Beide Batterien Brigade Lecoq exkl. dem	Pfrumt
2ten Bat: Clemens	Iffersdorf

Das Hauptquartier des Prinzen und der 1sten Division war in Nabburg.

Von Pfrumt aus mussten zur Sicherstellung 4 Kompanien au Bivouac ausrücken; zwei auf die Straße nach Weiden und 2 auf die nach Nabburg.

Es erhielten heute die Bataillons die Munitionswagen à einen mit 1.320 Dutzend Flintenpatronen und 2.400 Stk. Flintensteinen.

Im heutigen Tagesbefehl wurde dem Korps bekannt gemacht, dass der General Gutschmidt gestern in Eger eingerückt wäre; sein gutes Betragen in diesem Ort sowie die ganze Expedition erhielten eine Ehrenerwähnung.

Der Maj: v.Egidy wurde heute zu Führung der mittleren Equipage kommandiert.

Den 6[n] Mai bis Schwarzhofen an der Schwarze

Die Division vereinigte sich heute hinter Nabburg. Während des Halts, oder vielmehr schon während des Marsches, setzte sich die Kavallerie anbefohlenermaßen an die Tete.

Als man im Begriff war, die Marschquartiere zu beziehen, ging der Befehl ein, dass die 2te Division bis auf weiteren Befehl vor Schwarzhofen au Bivouac rücken sollte. Die Brigade Lecoq lagerte sich rechts der Straße nach Neunburg und die Brigade Zeschau links der Straße. Nach Verlauf von einigen Stunden erhielt die Division den Befehl, die angewiesenen Quartiere zu beziehen.

Delogement

General v.Polenz General v.Lecoq Regiment Low 1stes Bat: Cerrini	Schwarzhofen
2tes Bat: Cerrini	Aschach
Regiment Clemens	Katschdorf, Peltendorf, Schönau

Schon vom gestrigen Marsch aus ging die Artillerie getrennt von den Brigaden auf der Chaussee und blieben nur 2 leichte 8-Pfünder von der Batterie Großmann bei der 1sten Brigade der 2ten Division.

Das Hauptquartier des Prinzen und der 1sten Division war in Neunburg.

Den 7^{n} Mai bis Retz an der Schwarze

Auf dem heutigen Rendezvous der Brigade sprach der Generalmajor v.Lecoq folgendes zu seiner Brigade:

Soldaten! Der Zeitpunkt ist nahe pp. ...

Die Division vereinigte sich heute bei Neunburg. Nach einem Aufenthalt von 2 – 3 Stunden bezog die Division die Marschquartiere; die Brigade Lecoq erhielt für

Regiment Clemens Retz

Regiment Low Hasslarn, Zeidlarn, Stetten, Meises

Regiment Cerrini Euxendorf, Nöffling, Stätern

Generalmaj. v.Lecoq
Generalleut: v.Zezschwitz Retz
Der Prinz

Generalleut: v.Polenz Neunburg

Das 2te Bat: Clemens wurde, da die kleine Stadt Retz zu stark belegt war, in ein ganz zunächst der Stadt gelegenes Dorf gelegt.

Die Sicherheitsmaßregeln waren dieselben wie in den verflossenen Tagen.

Der General v.Gutschmidt rückte in Waldmünchen ein, nachdem er zwei Tage die Arriergarde gedeckt hatte. Auf Befehl des Prinzen hatte er vor einigen Tagen ein Detachement unter den Befehl des Majors v.Lobkowitz nach Hayde in Böhmen abgesendet. Außer einem kleinen Gefecht mit einer östreichischen Ulanen Feldwache, welche zurückgedrängt worden war, ist bei dieser Entsendung nichts von Wichtigkeit vorgefallen. Der Major v.Lobkowitz hat sich übrigens seines Auftrages in Betreff der einzuziehenden Nachrichten des Feindes vollkommen entledigt und den Befehl erhalten, sich wieder an den General Gutschmidt anzuschließen, welcher dem Korps in den folgenden Märschen die linke Flanke decken soll.

Die Equipage traf heute in Neunburg ein und wird nach dem heutigen Befehl über Regensburg nach Passau dirigiert. Die bei dieser Equipage sich angehäuften 700 Maroden wurden nach einer medizinisch-chirurgischen Untersuchung bis auf 280 Mann zu den Regimentern geschickt.

Den 8ⁿ Mai bis in die Gegend von Cham

Die Division versammelte sich zwischen 10 und 11 Uhr bei Stamsried, setzte sich gegen 12 Uhr wieder in Marsch und bezog in den Nachmittagsstunden nachverzeichnete Marschquartiere:

Generalleut: v.Polenz u. Gen.maj: v.Zeschau	Gempfling
2 Bataillons Clemens	Leibling, Katzbach, Katzberg, Wackerling
Generalmaj: v.Lecoq	Katzberg
1tes Bat: Cerrini	Reinwalding, Oelschig
2tes Bat: Cerrini	Groß Bergendorf
1tes Bat: Low	Ditzling
2tes Bat: Low	Frieding

Nach der Schlacht bei Neustadt hatte sich der Erzherzog Carl mit einem Teil der geschlagenen Armee bis nach Katzberg zurückgezogen und auf den dortigen bedeutenden Höhen neue Stellung genommen, um sich von der erlittenen Niederlage zu erholen und die zerstreuten Truppen zu sammeln. Der Erzherzog ist bis zum 28^{n} April in dieser Stellung geblieben und hat sein Hauptquartier in Katzberg gehabt. Der größte Teil dieser geschlagenen Armee hat sich über Furth nach Böhmen zurückgezogen.

Der Mangel an Lebensmitteln lässt es uns merken, dass wir uns dem Kriegsschauplatze nähern und einen Strich Landes durchziehen, welcher von einer feindlichen geschlagenen Armee mehrere Tage bewohnt gewesen ist.

Mit der heutigen Marschdirektion ist auch die Hoffnung verschwunden, bald in Böhmen einzudringen. Es scheint gegenwärtig außer Zweifel zu sein, dass wir der siegenden großen Armee über Straubing und Passau nach Wien folgen werden. Gestern eingegangenen Nachrichten nach befand sich der Kaiser schon in St. Pölten.

Nachtquartiere der Brigade Zeschau

Beide Batterien Regiment Niesemeuschel	Pempfling, Krait und Kager
Zwei Gren.-Bataillons	Ob. und Unt. Trübenried
Ein Bat. Oebschelwitz	Rennersdorf, Rackersdorf

Den 9^{n} Mai bis in die Gegend von Ascha.

Das Rendezvous der Division war heute Cham früh um ¾ 6 Uhr. Die erste Division lag zum Teil in Cham und auf diese Art würden beide Divisionen auf dem heutigen

Marsch vereint. Die Armee marschierte auf der großen Chaussee, die über Straubing nach Passau geht.

S[e] Durchlaucht der Prinz hatte befohlen, aller 3 Stunden einen Halt zu machen. Als die 2te Division das Dorf Ascha erreicht hatte, erhielt sie die Anweisung zu folgenden Marschquartieren:

Generalleut. v.Polenz	Ascha
Generalmaj. v.Lecoq	Unt. Barkstetten
Reg. v.Low	Steinach, Barenzell
Reg. Cerrini	Achendorf, Rothamm
1[tes] Bat. Clemens	Ob: Parckstetten
2[tes] Bat. Clemens Batt: Coudray	Unt: Parckstetten
Generalmaj. v.Zeschau Beide Gren.-Bataillons 4 Kanonen von Huthsteiner	Ascha
1 Bat. Oebschelwitz	Wiesenzell, Herrnberg, Kirnberg
Reg. Niesemeuschel mit 2 Kanonen v. Huthsteiner	Geschwend, Walterszell
Hauptquartier der 1sten Division und des Prinzen	Straubingen

Die kleine Equipage musste heute früh um 2 Uhr voraus-gehen. Der Prinz autorisierte heute durch einen Befehl die Kompanie-Kommandanten alle mögliche Art Tabak zu requirieren und selbigen unter die Mannschaft auszuteilen. Zur Sicherstellung des Kantonnements wurden heute bloß Feldwachen ausgesetzt.

Den 10^{n} Mai bis in die Gegend von Plattling

Nach den gestrigen Tagesbefehl formierten sich die Schützen einer jeden Brigade in ein Bataillon.

Das Schützenbat: der Brigade Hartitzsch kommandierte der Maj. v.Egidy von Anton; das von der Brigade Boxberg der Hauptmann v.Metzsch von Anton; das von der Brigade Lecoq der Hauptm: v.Heynemann von Cerrini und das von der Brigade Zeschau der Major v.Raikel vom Reg. Low.

Früh um 8 Uhr versammelte sich die Infanterie und Artillerie der 2ten Division bei Straubingen auf der Insel, welche zwischen der alten Donau und der eigentlichen Donau, passierte Straubingen – ohne durch die Stadt zu kommen, da die Straße außen weg geht und setzte ihren Marsch auf der schönen Chaussee nach Passau fort. Die Kavallerie dieser Division marschierte unter den Befehlen des General v.Feilitzsch und brach um ½ 7 Uhr, Pr. Johann aber um ½ 6 Uhr auf. Bei dem Dorfe Strasskirchen wurde ein Halt gemacht und die Infanterie und Artillerie erhielt die Anweisung zu den heutigen Nachtquartieren auf folgende Ortschaften:

Hauptquartier der 1sten Division	Ofterhofen
Hauptquartier der 2ten Division	Altenbug
Generalmajor v.Lecoq Battr: Coudray	Michelsbach

Regiment Clemens	Michelsbach, Schütthammer, Fraundorf
1tes Bat: Cerrini	Steinfurth, Steinkirchen, Birckam
2tes Bat: Cerrini	Rettenbach
Regiment Low	Otzingen, Hanersdorf
Schützenbat: Heynemann	Erichendorf
Generalmaj: v.Zeschau	Posching
2 Gren: Bataillons	Posching, Wischelburg
Regiment Niesemeuschel	Altenbug, Genschdorf
1tes Bat: Oebeschelwitz Battr: Huthsteiner	Rottendorf, Triefendorf und Woppersdorf
Schützen-Bat: Rackel	Rottenmann, Andorf
Leib-Kürassier-Garde	Ofterhofen
Garde du Corps Carabiniers	Kirchdorf Mannsdorf
Pr. Johann	Buchhofen

In den Nachtquartieren wurden wie gestern bloß kleine Feldwachen ausgesetzt.

Im gestrigen Tagesbefehl wurde dem Korps das gute Benehmen der Sächs. Truppen im Herzogtum Warschau in der Affaire bei Raszyn bekannt gemacht. In Straubingen wurde heute auf einen Tag Brot gefasst.

In Straubingen steht eine Kompanie Schwarzburg-Rudolstädter und eine Truppe – dem Äußeren nach – gut organisierte K. Bayerische Landmiliz, 400 Mann stark.

Bei Straubing formt ein Arm der Donau – die alte Donau genannt – mit der eigentlichen Donau eine Insel ohnweit der Stadt, die einen guten Lagerplatz für ein kleines Korps abzugeben scheint. Die alte Donau sowohl wie die eigentliche Donau wird durch einen Brückenkopf, an welchen jetzt eine große Anzahl Bauern arbeitet, nach dem linken Donauufer zu verteidigt. Über die alte Donau ist jetzt eine Schiffsbrücke von großen Kähnen geschlagen; über die eigentliche Donau führt jetzt eine schlechte hölzerne Brücke, da die ältere Brücke bei der Retirade der Östreicher abgebrochen worden ist. Beide Brückenköpfe formieren hervorspringende Winkel mit Flanken, haben Palisaden, einen Graben und Wolfsgruben auf dem Glacis. Straubingen selbst ist außerdem ein offener Ort.

Das Donautal hinter Straubingen scheint 3 Meilen breit zu sein und die nördliche Talwand ist viel höher und steiler als die südliche. Der Leutnant von Einsiedel wurde heute befehligt in Deckendorf Rauch- und Schnupftabak in Requisition zu setzen und führte seinen Auftrag so gut aus, dass gegen 300 Pfund zusammen gebracht wurden, welches morgen an die Regimenter verteilt werden soll.

Den 11^{n} Mai bis in die Gegend von Osterhofen

Um 7 Uhr früh morgens versammelte sich die Infanterie und Artillerie der 2ten Division bei Plattlingen jenseits der Isar und marschierte auf der Chaussee nach Passau zu ab. Eine Stunde vor Osterhofen erhielt die Division folgende Dislokation:

Generalleut: v.Polenz Osterhofen

Generalmaj: v.Lecoq	Kurzenkünzing
1tes Bat: Clemens	Kurzenkünzing, Endelau Premling
2tes Bat: Clemens	Langenkinzing, Langenburg Arbing
Regim: Cerrini	Kirsing, Brück, Janberg, Hab, Zeidlarn
Regim: Low	Asching, Ob- u. Unt.Berg, Waltersdorf, Inkam, Ebring, Dulling, Langenarming, Streiblof
Schützen Bat: Heynemann	Herzogsaue
Generalmaj: v.Zeschau	Osterhofen
2 Grenadier Bat: Schützen Bat: Rackel 2 Batterien	Osterhofen, Altenmark, Mühlhamm, Rossfeld, Reucksing
1 Bat: Oebschelwitz	Wissesing
Regim: Niesemeuschel	Viernhofen, Ob- u. Unt. Gessenbach, Schmidorf, Linsing, Raffersdorf, Unt. Vuchhausen, Hanbting

Hauptquartier der 1sten Division Passau

Die Isar bei Plattlingen ist etwas breiter als die Freiberger Mulde; die dasigen Brücken wurden ebenfalls von den Östreichern abgebrochen, von den Franzosen aber so gut sichs tun ließ wieder hergestellt. Von Plattling aus führt eine Stunde weit die Chaussee durch einen sumpfigen Boden, der mehrere kleine hölzerne Brücken nötig macht. Dies ist auch hinter Osterhofen der Fall. Es begegnete uns heute eine Anzahl leicht blessierter französischer Soldaten, die bei Linz blessiert worden waren.

Wir erhielten heute die Nachricht, dass bei Passau eine französische Division sich mit uns vereinigen würde und wir dann in Böhmen eindringen sollen.

Der Kaiser soll vorgestern in Wien eingetroffen sein.

Den 12^{n} Mai bis in die Gegend von Vilshofen.

Das Rendezvous der Brigade war früh ½ 8 Uhr jenseits Pleindingen und das der Division sollte diesseits Vilshofen sein. Doch ehe noch dieser Punkt erreicht wurde, erhielt die Division Befehl zum Halt und die Anweisung zu folgenden Kantonnements:

Generalleut: v.Polenz Generalmaj: v-Lecoq Generalmaj: v.Zeschau	Vilshofen
1tes Bat: Cerrini	Liesingen, Auenkirchen, Alcherding
2tes Bat: Cerrini	Blindham, Hietzlingen, Igelbach, Neustift
Regim: Low 1tes Bat: Clemens	Aidenbach
2tes Bat: Clemens	Beitelsbach
Schützen-Bat: Heynemann	Coefing, Buch
Beide Batterien	Vilshofen

Beide Grenadier Bat: Regim: Niesemeuschel	Vilshofen
Bat: Oebschelwitz Schützen –Bat: Rackel	Pleinding, Alckhofen, Dorff

Es wurde heute in Vilshofen auf einen Tag Brot gefasst.

Das Hauptquartier der 1sten Division ist fortdauernd in Passau.

Hinter Pleinding macht sich das Donautal sehr enge. Auf den benachbarten Dörfern lagen einige französische Kavallerie-Depots.

Den 13[n] Mai

Bei und in Vilshofen; Rasttag

Der Fluss, die Vils, fließt hart an der Stadt vorbei in die Donau. Die Vils ist etwas stärker als die Freiberger Mulde. Es führt bei Vilshofen eine ebenfalls in der Eile wiederhergestellte hölzerne Brücke über dieselbe. Über die Donau hat vor dem Kriege von 1805 bei der Stadt auch eine Brücke existiert, die aber ganz eingegangen und noch nicht wieder hergestellt ist.

Den 14[n] Mai bis in die Gegen von Schartenberg

Nach dem sehr spät gestern Abend eingegangenen Generalbefehl sollten alle Truppenabteilungen früh um 2 Uhr aus den Kantonnements aufbrechen. Das Korps passiert heute Passau. Das Rendezvous der Brigade war ½ 5 Uhr bei Ortenburg. Die Brigade Lecoq ging auf der Chaussee, da es die gehabte Delogierung nicht anders zuließ; die Brigade Zeschau dagegen marschierte einen Weg längs der Donau, der zwei gute Stunden näher ist, jedoch vom Geschütz nicht passiert werden kann. Die Artillerie und Equipage ging über Schärding nach Taufkirchen.

Da die Brigaden zu verschiedenen Stunden bei Passau ankommen mussten, so defilierte auch jede für sich durch die Stadt. Jenseits der Stadt passiert man den Inn, mittelst einer in der Geschwindigkeit wiederhergestellten hölzernen Brücke und steigt dann eine beträchtliche Höhe hinauf. Dadurch, dass der größte Teil der Mannshaft nicht gefrühstückt hatte, welches die Folge von dem spät erhaltenen Generalbefehl und dem frühen Aufbruch war, die überstiegene hohe und steile Höhe jenseits Passau und der starke Marsch von beinahe 5 Meilen, wurde unsere Mannschaft außerordentlich fatiquiert; die Regimenter hatten eine beträchtliche Anzahl Marode.

Vermöge des gestrigen Generalbefehls bezog die Division folgende Kantonnements:

Generalmaj: v.Lecoq Regiment Clemens Schützen-Bat: Heynemann	 Münzkirchen
1tes Bat: Cerrini	Engelholling
2tes Bat: Cerrini	Kubing
Generalleut: v.Polenz Regiment v.Low	Schartenberg
1tes Bat: Niesemeuschel	Steinbrunn
Generalmaj: v.Zeschau 2tes Bat: Niesemuschel	 Neudorff

Schützen-Bat. Rackel 2 Komp. Oebschelwitz	Neudorff
2 Grenadier-Bat:	Lehen, Suming

2 Komp. Oebschelwitz waren der Artillerie und Equipage zur Bedeckung mitgegeben.

Auf den Höhen diesseits Passau biwakierten die Kontingente mehrerer kleiner Rheinbundfürsten.

Bei Passau fließt der Inn in die Donau. Der Inn rangiert zwischen der Mulde und der Elbe.

Passau wird jetzt durch aufgebotene Bauern verschanzt vorzüglich die Höhen jenseits des Inn nach Linz zu. Die Retranchements sind irregulär und richten sich nach der Abdachung des Terrains. Man hat, um mehr Spielraum zu bekommen, das Holz eines ganzen Hügels von ziemlichen Umfange rasiert.

Passau hat auch ein kleines Fort, in welchem die Franzosen sich einige Tage gehalten haben sollen.

So wie wir über die Grenze traten, bemerkten wir auch in den ersten Dörfern die Verwüstungen des Krieges; viele Häuser sind verlassen; die Bauern haben sich mit ihrem Vieh in die Wälder geflüchtet und Fenster, Türen und Schränke sind gewaltsam zerbrochen und aufgehauen.

Jenseits Passau wird die Provinz ziemlich bergig und holzreich. Auf hohen Punkten kann man sehr gut die mit Schnee bedeckten Gebirge erkennen, die Salzburg von Östreich trennen.

Den 15ⁿ Mai bis in die Gegend von Beyerbach

Das Rendezvous der Brigade war früh 2 Uhr auf der Straße beim Pfarrhofe zu Münzkirchen. In Assig erhielten die Truppen, die in der Division nicht formiert worden waren, die Delogierung:

Generalleut: v.Polenz Generalmaj: v.Lecoq Regiment Clemens 2 Batterien	Beyerbach, Castlinggaraed, Heibersstein, die Schützen in Spittmannsberg
Regiment Cerrini	Assig, Stegern, Natterbach
Regiment Low	Eichberg, Waldkirchen
Generalmaj: v.Zeschau Regiment Niesemeuschel	Willibald, Gautzam, die Schützen in Acholl
Bataillon Oebschelwitz	Wambersern, Strauss-wiederau
beide Grenadier-Bat:	in Raab und umliegender Gegend
Hauptquartier	Eferding

Den 16ⁿ Mai Rast

Den 17ⁿ Mai bis in die Gegend von Eferdingen

Die Brigade versammelte sich heute vor Eferdingen; der General brach aus seinem Quartier um 2 Uhr früh auf. Bei Eferdingen wurde Halt gemacht und nach einigen Stunden folgende Delogierung bezogen:

Generalleut: v.Polenz Batterie Coudray 1tes Bat: Cerrini	Willering

2tes Bat: Cerrini	Mühlbach
Generalmaj: v.Lecoq Regiment Clemens	Hartham, Peissing, Strass
Regiment Low	Alkoven, Schömering

Schützen- Bat: nebst 2 Kanonen von Coudray
biwakierten bei Willering

Die Brigade des General v.Zeschau lag in und um Eferdingen. Nachmittags gegen 5 Uhr hörte man sehr deutlich eine Kanonade und sogar kleines Gewehrfeuer nach der Gegend von Linz zu. Gegen ½ 6 Uhr kam ein Offizier von Generalstab, dass sich alles und zwar jedes Bataillon für sich nach Linz zu in Marsch setzen solle. Die Adjutanten des Generals wurden sogleich ausgesandt, um die Bataillons von diesem Befehl zu benachrichtigen und der General selbst erreichte schon um 8 Uhr Linz. Die Affaire war eben in vollem Gange. Das 1ste Bataillon von Cerrini, welches in Eferdingen lag, war bereits angekommen. Der General ging über die Donaubrücke, suchte dieses Bataillon auf und setzte sich an dessen Spitze. Die übrigen Bataillons kamen in dem Zeitraum von 10 – 12, blieben aber diesseits der Donau, da die Brücke durch die Truppen und Geschütz teils gesperrt, teils aber auch das Gefecht schon geendigt war.

Das Engagement dieser Affaire wurde durch die Quartiermacher des Generals v.Gutschmidt veranlasst, da, indem sie Quartiere machen wollten, auf ein östreichisches Kommando stießen. Auf diese Art kamen mehrere Truppen in Bewegung. Der Zweck der Östreicher mochte wohl gewesen sein, in diesen Tagen überhaupt eine offensive Bewegung vorzunehmen und bei Linz soweit wie möglich vorzudringen, auch kommandierte der östreich: General Gr. Kollowrath endlich die Affaire, indes ist durch das Dazwischenkommen der Quartiermacher des Generals v.Gutschmidt diese Affaire früher veranlasst worden, als es sich der östreich: Befehlshaber vorgenommen haben mochte. Der rechte Flügel der Östreicher stand auf dem Pöstlingsberg, der linke gegen die Donau zu. Der Feind soll 6 – 7.000 Mann ins Gefecht geführt haben. Auf dem linken Flügel hatten die Östreicher eine Batterie von 6 Kanonen und auf dem Pöstlingsberg ein einziges Kanon. Von unsere Seite standen ihnen der General Vandamme mit den Württembergern – aus allen Gattungen Truppen bestehend, aber nicht über 3.000 Mann stark – und die erste Division Sachsen entgegen. Von den Sachsen kamen 1 Bataillon Max, 1 Bataillon Dyherrn und zwei Kompanien Pr. Friedrich zum Gefecht.

Der Pöstlingsberg, welcher zum Stützungspunkt des feindlichen rechten Flügels diente, wurde ohne große Mühe erstürmt, nachdem der linke Flügel geworfen war. Die Kirche auf dieser Höhe aber erst in der Nacht um 11 Uhr von den württembergischen Jägern genommen. Der Feind verteidigte sich auf diesem schönen Posten vorzügl: schlecht; die Württemberger hatten bei dieser letzten Attacke gar keinen Verlust, machte ein Bataillon zu Gefangenen und erbeutete eine bedeutende Anzahl Gewehre.

Von den Sachsen wurde der Leutnant v.Köckritz (Regim: Dyherrn) vermisst, außerdem hatte das Korps 5 Tote und 11 Blessierte.

Die Truppen biwakierten die Nacht hindurch; 3 Bataillons auf dem Hügel vorwärts des Brückenkopfes, der Rest von der Brigade in den Schanzen des Brückenkopfes und die übrigen Regimenter und Bataillons auf den Straßen in und vor Linz. Die Brigade von Zeschau, welche am weitesten in den Kantonnements zurückgestanden hat, kam erst in der Nacht um 2 Uhr in Linz an.

Den 18ⁿ Mai früh um 3 Uhr trat Alles unters Gewehr. Der Prinz rekognoszierte, während die Brigaden sich entwickelten und formierten und das Korps fasste nach folgenden Befehl Position:

General Gutschmidt belegt die Dörfer, die er soeben behauptet und verbindet sich mit der Infanterie. General Gutschmidt stand in der Gegend Katzbach. Die Kavallerie kantoniert in den gehabten Quartieren auf dem linken Donauufer; Brigade Boxberg vorwärts des Dorfes Pflaster; Brigade Hartitzsch kampiert auf der Straße nach Wels; Brigade Lecoq hinter dem Dorf Pflaster; Brigade Zeschau kampiert mit 2 Bataillons hinter Linz, kantoniert mit 2 Weiteren in Linz und behält 1 Bataillon mit 2 Kanonen bei Willering aufgestellt.

Es wurden heute aus sämtlichen Schützen pr: Division ein Bataillon formiert, wovon das Eine der Hauptmann v. Metzsch vom Reg. Pr. Anton und das 2te der Major von Egidy kommandiert. Dieses letztere wurde der Brigade Lecoq zugeteilt. Heute kam die Division Dupas hier an und vereinigte sich mit uns; sie bestand aus einem leichten Infanterie Regiment nebst mehreren Geschütz.

Den 19ten Mai in der nämlichen Stellung. Der Pöstlingsberg den der Prinz für den Schlüssel seiner jetzigen

Position hält, wird zu einem festen Posten gemacht. Dieser Berg ist unser Anstützungspunkt auf dem linken Flügel. Der obere Kegel desselben mag gegen 35° Böschung haben. Er war mit Holz bedeckt welches aber bis auf Kartätschen Schussweite abgehauen wurde. Auf der Hälfte der Abdachung legte man von diesen gefällten Bäumen um den ganzen Berg herum einen Verhau an. Auf der Spitze des Kegels befindet sich eine Kirche von einigen Häusern umgeben, die aber bis auf ein einziges Haus, welches die Wohnung des Kommandanten bleibt, demoliert werden sollen. Der untere Teil der Mauern dieser Häuser wird zu Brustwehren benutzt und der Berg erhält überhaupt durch 3fache Etagen solcher Brustwehren, an deren Stelle jedoch an manchen Orte bloße Palisadierungen sind, 3 Verteidigungslinien. Die Kirche selbst soll als letzter Posten betrachtet und durch Echauffotagen zur Verteidigung geschickt gemacht werden. Auf der schwächsten Seite wird dieser Berg durch einen gegenüberliegenden Höhenabhang in einer Entfernung von ohngefähr 2.000 Schritt dominiert. Zwischen dem Pöstlingsberg und der Donau, ganz am Ufer an der untersteilen Talwand des Stromes läuft die Straße, die von Ottesheim kommt. Sie wird durch ein besonderes Detachement bewacht. Von der Seite von Linz führt ein einziger Fahrweg, welcher der steilen Abdachung wegen mehrere Krümmungen macht, zu diesem Berge. Der nähere Fußsteig ist nur einzeln mit Infanterie zu passieren; einzelne Reiter können ihn nur mit vielen Schwierigkeiten erklettern. Auf der Seite des Feindes zu läuft ein Waldweg, der sich in der Entfernung von einer halben Stunde in mehrere Arme teilt.

Die Besatzung dieses Forts ist dermalen das Schützen-Bataillon v.Metzsch und 1 Voltigeur-Kompanie nebst 2 Kanonen. Zur Schanzarbeit werden Leute aus dem Lager und auch Bauern dahin geschickt.

Der Oberstleut: Gautier vom französischen Generalstab ist Kommandant daselbst.

Den 20^{n} Mai Vorige Stellung

General Gutschmidt hatte heute eine Affaire bei Neumark, welche zu seinem Vorteil ausschlug. Das Schützen-Bataillon Egidy hatte Teil daran und machte 1 Capitain und 17 Mann zu Gefangenen, verlor dagegen aber auch Tages zuvor bei einer Rekognoszierung, welche der Rittmeister Czettritz vom Husaren-Regiment kommandierte, 1 Offz. Lt: Hille vom Regt: Cerrini und 15 Schützen, die in Gefangenschaft gerieten. Das 2te Bat: Cerrini wurde gegen Mittag zur Unterstützung des Gen: Gutschmidt nach Katzbach vorgeschickt.

Den 21^{n} Mai Nämliche Stellung.

Die Mannschaft trat heute Nacht unters Gewehr, weil man einen feindlichen Angriff vermutete. General Gutschmidt ging in der verflossenen Nacht in die Stellung bei Katzbach zurück, ohne vom Feinde beunruhigt zu werden. Das Städtchen Gal: Neukirchen behielt er aber besetzt. Das 2te Bat: Cerrini rückte heute wieder ins Lager zurück.

Den 22^{n} Mai Früh um 6 Uhr brach die Armee auf. Die Division wurde auf der Straße nach Katzbach rechts und links der Straße formiert. Nach Verlauf von einigen Stunden wurden neue Lager bezogen, die Tete nach Katzbach zu und die Queque bei dem Dorfe Pflaster. Es wurden starke Vorposten ausgesetzt und alle Wege nach dem Feinde zu streng bewacht.

Der Generalmaj: v.Lecoq erhielt Befehl, das Kommando auf dem Pöstlingsberg zu übernehmen. Die dermalige Besatzung besteht aus 1 Grenadier-Bat: v.Radeloff, 2te Bat: Anton, 1stes Bat: v.Niesemeuschel, 1 Grenadier-Kommando und 100 Jäger Württembergischer Truppen.

Das Grenadier-Bat: rückte vor und erhielt eine Stellung auf dem Waldwege nach Hellmannsegg, eine halbe ¼ Stunde vom Berg.

Den 23[n] Mai Abends traf eine Voltigeur-Kompanie vom 19ten Linien-Infanterie-Regiment zur Verstärkung der Besatzung ein.

Den 24[n] Mai trafen das 1ste Bat: Cerrini, 1tes Bat: Max, Grenadier-Bat: Bose zur Verstärkung ein. Letzteres vereinigte sich mit dem Grenadier-Bat: Radeloff und barackiert sich auf dem Platze, den dieses Bat: besetzt hält. Ein Detachement Dragoner von 1 Offz., 30 Mann , 30 Pferden, welches täglich abgelöst wird, ward dem General seit gestern zur Disposition überlassen.

Der General v.Zeschau löste heute den General v.Lecoq ab und ging ins Lager zurück und übernahm das Kommando seiner Brigade und das des 2ten Bat: Niesemeuschel und v.Oebschelwitz.

Den 25[n] Mai nichts veränderliches. Das 2te Bat: Anton rückte von dem Pöstlingsberg im Lager ein.

Den 26^{n} Mai früh um 10 Uhr hörte man in einer Entfernung von 3 bis 4 Stunden feuern. Die Armee trat ins Gewehr. Der Feind ließ durch einen Parlamentär verkündigen, dass er durch diese Salven einen Sieg zu erkennen geben wollte, den der Erzherzog Carl über den Kaiser erfochten haben soll. Tag und Ort wusste der Parlamentär nicht anzugeben.

Der Rest der württembergischen Truppen marschierte heute nach Ens ab, Abends spät auch das Grenadier-Bat: Hacke und die Eskadron Carabiniers. Diese letzteren Truppen stellen sich ebenfalls auf der Straße nach Ens auf, um die Kommunikation mit den Württembergern zu unterhalten. General v.Zeschau wird nach dem heutigen Tagesbefehl durch den Obersten v.Steindel abgelöst; ersterer wird dafür Kommandant in der Vorstadt Ufar und des Brückenkopfes. Zur Besatzung derselben wurden die Bataillone 2tes Max, 1stes Cerrini und L.G. Garde daselbst aufgestellt. Die Besatzung auf dem Pöstlingsberg besteht daher noch aus 1 Bat: v.Niesemeuschel, Grenadier-Bat: Bose und der eben gedachten Voltigeur-Kompanie. Das Grenadier-Bat: Radeloff steht in seiner vorherigen Stellung mit dem Befehl, bei einem notwendig werdenden Rückzug, sich nach den Verschanzungen des Brückenkopfes zurückzuziehen. Das 2te Bat: Cerrini steht noch unverändert als Reserve für die Besatzung des Pöstlingsberges zwischen dem Lager und dieses war da, wo es am 24ten aufgestellt wurde.

Den 27^{n} Mai Der General v.Lecoq hat heute du Tour.

Eine Schützen-Patrouille von 1 Unt.Offz. und 12 Schützen von dem Bat: Egidy war in Mauthausen aufgehoben; die Tollkühnheit der Unt.Offz., welcher auf die verräterische Aussage eines Einwohners baute, war die Ursache dieses Verlustes

Den 28n Mai der General Gutschmidt schickte in der verflossenen Nacht Patrouillen nach Mauthausen, um Geiseln zu holen, als Lohn für die an der gestrigen Patrouille verübten Verräterei, der Schützen Korporal Otto, der diese Patrouille kommandierte, führte seinen Auftrag gut aus und überzeugte sich, das die gestrige Abteilung östreichischer Truppen, aus Kavallerie und Fußjägern bestehend, sich eine halbe Stunde von jenem Orte zurück gezogen hatte.

Den 29n Mai Es wurde heute der Armee der Sieg des Vize-Königs von Italien über den Erzherzog Johann bekannt gemacht. Der Fürst befahl, diese Nachricht durch 100 Kanonenschüsse und 1 Musketensalve von jedem Bataillon zu feiern.

Nach diesen erhaltenen Nachrichten führt der Vize-König von Italien dem Kaiser eine Verstärkung von 60.000 Mann zu. Die Armee zu Dalmatien ist zu Laibach angekommen und wird sich mit der großen Armee bei Wien vereinigen. Die Division des östreichischen General Leutn Gellnbich wurde zu St.Miehl bei Loeben zu Kriegsgefangenen gemacht. Der Erzherzog Johann soll sich mit dem Überrest der Armee, welche bis auf 12.000 Mann geschmolzen ist, nach Ungarn zurück gezogen haben.

Es wurde heute durch 1 Patrouille eine Rekognoszierung nach Wildberg zu gemacht.

Überhaupt soll sich der feindliche linke Flügel zurück gezogen haben, dagegen steht der rechte in seiner alten Position.

Die heut begangene Feierlichkeit ließ der Fürst ebenfalls durch Parlamentärs dem Feinde annoncieren.

Den 30[n] Mai Nämliche Stellung.

Es wurde heute eine Rekognoszierung gegen Hallmannsod und vorzüglich gegen Wildberg vorgenommen, der Leutnant v.Zezschwitz vom Generalstab war dabei und der Major v.Boblick kommandierte die dazu bestimmten Truppen.

Wildberg ist ein festes Schloss und wird gut bewacht. Die Östreicher bedienen sich vorzüglich der Bauern, um von Allem Nachrichten einzuziehen; diese Leute bilden eine unbewaffnete Kette um jeden feindlichen Posten.

Den 31[n] Mai Die Sächs.-Franz. Armee wurde heute von einem Bayerischen Korps unter den Befehlen des Marschall Lefebvre, Herzog von Danzig, abgelöst. Diese Ablösung erfolgte so wie die Bayerischen Truppen ankamen nach und nach von früh 8 Uhr an. An die Stelle der Brigade Lecoq kamen die Truppen der Division Wrede und namentlich die Brigade des Generals Becker.

Die Brigade Lecoq brach daher Nachmittags 3 Uhr auf, das Regiment Cerrini stand noch unter dem Befehl des Generals von Zeschau und dafür ward der Brigade, von dem Tage der Ablösung des Generals vom Pöstlingsberg an, das 2te Bataillon Niesemeuschel und das Bataillon Oebschelwitz zugegeben.

Die Brigade passierte den Pass und das völlig zerstörte Städtchen Ebersberg. Ganz nahe vor der Stadt geht man mittels einer langen hölzernen Brücke über den hier sehr breiten Traun-Fluss.

Die Östreicher steckten das Städtchen bei ihrer Retirade zuerst in Brand, doch haben auch Kugeln dessen Zerstörung mit bewirkt, davon zahllose Spuren an allen Wänden bemerkt.

Die Brigade erreichte früh 1 Uhr sein Bivouac diesseits Enns, gab das Bataillon Niesemeuschel und Oebschelwitz ab und erhielt dafür das Regiment Cerrini wieder.

Den 1^{n} Juni Früh um ½ 7 Uhr brach das ganze Korps zusammen auf. Dies verursachte, weil die Brigaden ganz nahe bei einander standen, beim Defilieren der Stadt Enns und der Passierung der sehr schlechten Brücke über den Fluss gleichen Namens, ein für die Truppen fatiquierendes Stocken.

Abends ½ 10 Uhr kam die Brigade diesseits Amstetten an. Zwei Tage zuvor wurde in diesem Ort das Grenadier-Bataillon von Hake und die Escadr. Karabiniers von einer Abteilung Östreichischer Truppen, welche über die Donau setzten, überfallen. Es blieb hierbei der Leut. v.Gärtner vom Regiment Oebschelwitz und der Major von Lehmann und Leut. v.Stutterheim wurden schwer blessiert; der Leut. von Kessinger wird vermisst.

Die Einwohner der Stadt benahmen sich bei dem Überfall sehr verräterisch; sie verschlossen die Ställe, damit die Karabiniers sich nicht beritten machen sollten und halfen den Östreichern auf alle Weise in den Ort und in die Häuser zu dringen. Es konnte bei aller Vorsicht nicht verhindert werden, dass unsere Truppen, um ihre erstochenen Kameraden zu rächen, mehrere Bauerngehöfte, ja ganze Dörfer in Brand steckten. Doch ist man über die Täter noch nicht sicher, man behauptet auch, dass es französische Soldaten gewesen sein sollen, ja sogar, dass es die Bauern angelegt hätten.

Den 2^{n} und 3^{n} Juni Das Korps sollte den 3^{n} Juni früh um 2 Uhr aufbrechen, allein die immer von neuen in Feuer aufgehenden Bauerngehöfte verursachten, dass der Befehl zum Abmarsch schon um 10 Uhr gegeben wurde. Die zwei Divisionen Sachsen bezogen einen Bivouac diesseits Böchlerne (*Pöchlarn*), diesen Ort links liegen lassend, in 2 Treffen, die Brigade Zeschau setzte sich aber in die linke Flanke der Brigade Lecoq, Front nach der Donau und gab einen Posten nach Seifenstein, um die Donau zu beobachten; General v.Polenz hatte sein Quartier in Pöchlarn.

Die Division Dupas ging bis jenseits Melk vor. Jenseits der Donau vermutete man ein Korps Östreicher und bemerkte ihre Vorposten am jenseitigen Ufer dieses Flusses. Das Korps passierte die Ybbs, über welche bloß eine Laufbrücke gelegt war und welche sich vielmehr so schlecht befand, dass nur die Infanterie mit Vorsichtigkeit passieren konnte. Pferde, Wagen und Artillerie mussten durch eine Furt in der Nähe der Brücke gehen. Über das kleine Flüsschen Erlach führte eine noch gute Brücke.

Da das Korps beim gestrigen Marsch eine sehr große Anzahl Nachzügler hatte, welche sich mancherlei

Exzesse erlaubt haben mochten, so bezeugte der Prinz der Brigade Boxberg, von welcher die meisten Nachzügler waren, sein Missfallen im Tagesbefehl; hier nächst wurde angeordnet, dass jede Division eine Arriergarde von 1 Major und 1 berittenen Offizier nebst einiger Mannschaft formieren sollte, um die Zurückgebliebenen zu untersuchen. Kein Mann durfte ohne schriftliche Erlaubnis seines Kapitäns zurückbleiben und diejenigen, welche die Arriergarde ohne solche Scheine fand, sollten arretiert und bei dem geringsten Widerstand auf sie gefeuert werden. Diese Anordnung hatte auf den heutigen Marsch eine gute Wirkung.

Den 4^{n} Juni Das Korps brach früh um 2 Uhr auf und bezog zum Teil einen Biwak bei St. Pölten. Vor dem Ort Melk wurde das Flüsschen gleichen Namens passiert, über welches ebenfalls eine sehr schadhafte Brücke gelegt war. Ein Infanterieposten bei dieser Brücke hatte den Befehl, den defilierenden Truppen Vorsichtigkeit zu empfehlen.

Die heutige Position des Korps war folgende:

Die Brigaden Hartitzsch, Boxberg und Lecoq bezogen eine Bivouac diesseits der Stadt St. Pölten auf den dahinter liegenden Höhen.

Die Brigade Hartitzsch rechts der Chaussee unfern des kleinen Flüsschens Straßen und die letztgenannte Brigade links der Chaussee. Das 2te Bataillon Pr. Clemens stand vorwärts des rechten Flügels der Brigade Lecoq beim Schiesshause, sowie das 2te Bataillon Low in der linken Flanke der Brigade seinen Bivouac hatte. Ein Bataillon Leib-Grenadier-Garde stand in der Stadt St.

Pölten und das Bataillon von Dyherrn rechts der Stadt in den Scheunen.

Der Brigade Boxberg und Lecoq wurde befohlen durch Feldwachen ihren Rücken und linke Flnake zu sichern. Die Batterie Coudray stand vorwärts des 1ten Bataillon von Low.

Das Regiment Pr. Johann stand auf der Wiener Straße bei Pottenbrunn, die Kürassier-Garde hinter der Brigade Hartitzsch, sowie die reitende Batterie.

Die Infanterie-Brigaden fanden größtenteils schon gebaute Hütten, in welchen vordem Württemberger gelegen hatten.

General von Gutschmidt stand, sowie die Division Dupas, bei Mautern.

General von Zeschau bezog das von der Division Dupas verlassene Lager bei Melk, detachierte nach Wieselburg und patrouillierte nach Purgstall; so wurde auch überhaupt die Donau von St. Pölten bis Pöchlarn abpatrouilliert.

S[e] Durchlaucht der Prinz gab einen sehr strengen Befehl jeden Exzess zu vermeiden und auch keine Häuser zu demolieren und das nötige Holz bloß aus dem Wald zu holen; man bezog diese Anordnungen auf Friedensverhandlungen.

Der Major von Langenau ist von Amstetten an den Kaiser abgeschickt worden, wahrscheinlich um die Bestimmung des Korps zu holen. Man behauptet, dass die große Armee Mangel an Lebensmitteln hätte; der französische Soldat soll auf halbe Ration gesetzt sein. Unsere

Soldaten bekommen täglich 1 Pfund Zwieback, ½ Pfund Fleisch u. heute wurde auch noch Fourage ausgegeben.

Den 5ⁿ Juni Rast in derselben Stellung. Aus dem Lager wurde früh das Grenadier-Bataillon von Bose nebst 2 Kanonen von der Batterie Hoyer und 1 Schwadron Pr. Johann nach Wilhelmsburg vorgeschickt und daselbst aufgestellt. Dieses Kommando hat einen Posten rechts in Kilb und schickt seine Patrouillen nach Lilienfeld vor. Es wurde heute befohlen, dass die Kavallerie und Artillerie fouragieren soll, indem keine Fourage mehr ausgegeben werden kann.

Den 6ⁿ Juni In der nämlichen Stellung. Major Langenau ist gestern Abend aus dem Hauptquartier des Kaisers zurück gekommen, hat aber bloß den Befehl überbracht, dass sich der Prinz nach Schönbrunn – wo jetzt das kaiserliche Hauptquartier ist – verfügen soll. Der Prinz ist heute dahin abgegangen.

Es ist heute die Ordre eingegangen, dass General von Zeschau durch den General Vandamme abgelöst werden soll. General Zeschau wird, sowie er angekommen ist, in der Gegend von St. Georg seinen Bivouac aufschlagen.

Den 7ⁿ Juni Dieselbe Stellung. General von Zeschau ist verflossene Nacht mit seiner Brigade zurück gekommen und hat einen Biwak links der Straße nach Wilhelmsburg, den rechten Flügel nach dieser Straße und den linken nach dem Flüsschen Trasen zu, bezogen. Die Division Dupas steht nach Mautern zu. Der Übergang über die Donau bei Mautern soll nur schwach besetzt sein; sowie das ganze Donauufer von Wien bis Melk bloß von einer einzigen Division bewacht sein soll.

Den 8n Juni In derselben Position. Seit heute haben wir starkes Regenwetter.

Den 9n Juni Die Stellung der Armee war dieselbe. Es erging heute von Sr Durchlaucht den Prinzen der Befehl in das Sächs. Korps, dass die Infanterie-Regimenter ein jedes in ein Bataillon formiert werden sollten, welches die Ordre vom 8[n] Juni desweiteren besagt. General Boxberg geht mit ins Land zurück. Die Formierung dieser Bataillone in der 2ten Division wurde dem Herrn Generalmajor von Lecoq übertragen.

Den 10[n] Juni Dieselbe Stellung. Es wurden heute die Geschäfte der Formierung der Bataillone betrieben, bei welcher es sich dahin abänderte, dass bei jeder Division nur 1 Kapitän und 3 Subaltern-Offiziere angestellt werden, also bei jedem Bataillon 4 Kapitäns und 12 Subaltern-Offiziere.

Die Mannschaft erhält noch pünktlich ihre Verpflegung an Brot oder Zwieback und Fleisch. Fourage wir gar nicht mehr regelmäßig ausgegeben, sondern muss durch Fouragierung herbei getrieben werden, wodurch wieder bis jetzt noch hinlänglich Gerste, Korn auch zuweilen Hafer erlangt wird.

Den 11[n] Juni Heute Mittag erhielt die Armee die Ordre zu folgenden Abänderungen in ihrer Stellung:

1) Die Division Dupas und die 1ste Division des Sächs. Korps bricht Nachmittags um 4 Uhr auf und marschiert nach Perslingen unter den Befehlen des General von Feilitzsch; das Regiment Pr. Johann marschiert ebenfalls.

2) Die Brigade Boxberg wird den Befehlen des Obersten von Steindel übergeben.

3) Die nach Sachsen bestimmten Offiziere und Unteroffiziere halten sich zum Abgange bereit und sammeln sich in dem von den Regimentern Pr. Friedrich und Max verlassenen Bivouac.

4) Die Brigade Lecoq dekampiert das 2te Bataillon Pr. Clemens vom Schiesshause in den von Pr. Anton verlassenen Bivouac

5) Die Infanterie beendigt ihre Formierung in Bataillons.

6) Die Brigade Steindel bezieht den Bivouac des General v.Zeschau an der Straße nach Wilhelmsburg und das Bataillon Pr. Friedrich besetzt mit 2 Divisionen die Stadt St. Pölten und mit 2 Divisionen die von dem Bataillon von Dyherrn verlassenen Scheunen.

Vermöge dieser Abänderungen setzte sich der Hr. Generalmajor von Lecoq durch eine neue Feldwache, welche mit ihrem Hauptposten bei dem Bivouac der detachiert gewesenen zwei Kompanien Pr. Friedrich platziert wurde, mit der Brigade Steindel in Verbindung.

S^e^ Durchlaucht der Prinz ist aus dem kaiserlichen Hauptquartier noch nicht zurückgekehrt.

Das Wetter wurde seit heute wieder besser.

Den 12^n^ Juni In derselben Stellung verblieben. Die nach Sachsen bestimmten Abteilungen marschierten heute von hier ab. Von jedem Bataillon wurde ein Requisitenwagen mit 4 Pferden bespannt an diese Mannschaften abgegeben.

Der Hr. General von Lecoq hielt heute vor dem Zapfenstreich Revue über die Bataillone seiner Brigade und ließ sie dabei einige Bewegungen machen.

S[e] Durchlaucht der Prinz ist heute aus dem kaiserlichen Hauptquartier zurückgekehrt; wieder hatte die Zurückkunft keine Folgen auf die Stellung der Truppen.

Nach den Nachrichten, die man aus den kaiserlichen Hauptquartier hat, steht französischer Seits nichts auf dem linken Donauufer. Der Marschall Massena soll mit seinem Korps auf einer Donauinsel Posto gefasst haben und Marsch Davout gegen Pressburg marschiert sein der diesseitige Brückenkopf soll erobert und sich in den Händen des Marschall Davout befinden.

Bei der ganzen Armee herrscht die größte Ruhe. Man trägt sich mit Gerüchten von Unterhandlungen und von der Ankunft des Kaisers Alexander zwischen Wien und Brünn.

Den 13[n] Juni Das sächs. Korps blieb in der bisherigen Position. Heute Nachmittag um 6 Uhr hielt der Prinz Revue über die 2te Division

Er ließ zuerst die Kavallerie, welche aus der Leib-Kürassier-Garde und der Garde du Corps bestand, und dann die zwei Infanterie-Brigaden der 2ten Division manövrieren. Das Manöver der Infanterie wurde erst Abends um ½ 10 Uhr beendigt. Der Prinz bezeugte im Tagesbefehl seine Zufriedenheit mit den Bewegungen der Truppen.

Das Manöver der Infanterie wurde durch beide Brigaden zugleich ausgeführt, indem die Brigaden 2 Treffen formierten. Einige Bajonettattacken mit, durch ganze Divisions en colonne gesetzten Bataillons, wobei sich diese durch das erste Treffen durchzogen und ein sukzessiver Aufmarsch vom rechten nach dem linken Flügel, waren die hauptsächlichsten Bewegungen.

Der Major von Langenau und der Hauptmann von Zezschwitz 2te sind heute Nacht als Kuriers nach Sachsen abgegangen.

Den 14^{n} Juni Dieselbe Stellung. Es ging heute unter Anführung eines Obersten vom französ. Generalstab eine Rekognoszierung nach Steiermark über Mariazell ab. Die dazu kommandierten Truppen bestehen in dem Grenadier-Bataillon von Hake und der Eskadron Karabiniers

Den 15^{n} Juni Dieselbe Stellung des Korps. Es wurde heute durch 1 Division eines Bataillons und eine Abteilung Kavallerie ein neuer Posten bei Goldeck besetzt. Dieses Kommando wird wechselnd alle 24 Stunden von der Brigade Lecoq und Steindel abgelöst.

Von der Batterie Huthsteiner wurde heute die Mannschaft einer Fouragierung – welche ohne bewaffnete Bedeckung abgeschickt worden war – von einem Trupp Bauern in den Gebirgen vorwärts Wilhelmsburg überfallen. Durch einen entwischten Artillerieknecht benachrichtigt, rückte eine Abteilung württembergischer Jäger – die in Wilhelmsburg liegen – aus, arretierten mehrere Bauern und fanden 6 Artilleristen und Knechte im Gebüsch tot und verstümmelt liegen; 2 Artilleristen werden noch vermisst.

Die 1te Dicision hatte heute Revue vor dem Prinzen in der Gegend ihres Lagers bei Perschlingen.

Den 16[n] Juni Nichts Bemerkenswertes.

Den 17[n] Juni Da man den wahren Etat der Bataillons auf dem Papiere nicht genau erlangen konnte, wurde heute eine Zählung derselben vom Obersten von Gersdorff, Chef des Generalstabs der 1sten Division und dem General-Intendanten von Watzdorff unternommen. Der rechte Flügel der Brigade Lecoq trat zu dieser Absicht früh um 6 Uhr unter das Gewehr und so folgten die Bataillons.

Auf Befehl des Prinzen wurden diesen Abend um 7 Uhr im Angesicht der Brigade Lecoq, die zu diesen Behufe rückwärts in der linken Flanke ihre Bivouacs aufmarschiert war, 4 Bauern durch ein Kommando des Bataillons Pr. Friedrich erschossen. Diese 4 Bauern hatten sich verdächtig gemacht, an dem Morde der Artilleristen von der Batterie Huthsteiner Anteil genommen zu haben, wenigstens hat man Pulver und Blei bei ihnen gefunden und einer ist bei seiner Arretierung mit Gewehr bewaffnet gewesen; 9 andere Bauern, gegen welche man weniger Verdacht hegte, mussten dieser Exekution zusehen.

Den 18[n] Juni Nichts Bemerkenswertes. Es wurden aus den Bataillons wieder Schützen gezogen und exerziert. Diese Schützen bleiben zum Dienst der Linien-Bataillons bestimmt und bestehen pro Bataillon in 1 Offiz., 4 Unt.

Off., 1 Tambour 46 Schützen. Der Hr. General von Lecoq hat eigenen Aufsatz zu deren Unterricht, dem Exerzieren der Schützen-Bataillons so viel wie möglich ähnlich, bearbeitet.

Auch wird die Linieninfanterie im Tiraillieren unterrichtet, doch schränken sich diese Übungen bloß auf den Fall ein, wenn eine ganze Kompanie vielleicht zum tiraillieren kommandiert werden könnte.

Es wird täglich exerziert wenn es die Witterung erlaubt.

Es ging auch heute Nachricht von dem, vom Marschall Davout bei Raab in Ungarn über den Erzherzog Johann, erfochtenen Siege ein.

Den 19^{n} Juni Nichts Veränderliches

Den 20^{n} Juni Die Batterie Coudray rückte heute in die Gegend des Schiesshauses, um ihre Pferde – bei der immer noch schlechten Witterung – in die nächstliegenden Scheunen am Kremser Tor unterbringen zu können; die Batterie ist jedoch deshalb nicht von der Brigade getrennt.

Den 21^{n} Juni Heute erhielt der Prinz durch ein Schreiben vom Hr. Minister Cerrini, die für uns so unangenehme Nachricht, dass die Östreicher in Sachsen eingedrungen wären; der König ist nach Frankfurt a.M.

Den 22^{n} Juni In derselben Stellung verblieben

Den 23^{n} Juni Der Leut. Schaller kam heute als Kurier von Frankfurt an. Die Östreicher sollen bereits bis Würzburg vorgedrungen sein.

Durch den heutigen Tagesbefehl erhielt das Korps Order, sich marschfertig zu halten; auch soll morgen die Taschenmunition und die Gewehre untersucht werden. Gegen Abend gingen 2 Kanonen von den Batterie Coudray nach Melk, unter Bedeckung eines Offiziers 40 Mann, ab.

Den 24[n] Juni Das Korps blieb in derselben Stellung. Die gestern nach Melk abgegangenen 2 Stck. Geschütz unter dem Artillerieleutnant Zandt waren zur Deckung eines Übergangs über die Donau bestimmt. Mittags um 11 Uhr embarkierte sich 1 Bataillon württembergsche leichte Infanterie auf 7 Donaukähne. Das Einschiffen selbst wurde durch eine Donauinsel gedeckt. Das sächs. Geschütz – 1 Kanone und 1 Haubitze – und eine Batterie von 6 Piecen, letztere war auf dem Schlossberg zu Melk postiert und wurde von dem General Vandamme selbst dirigiert, unterstützte den Übergang.

Die Östreicher am jenseitigen Ufer sollen stärker als der angreifende Teil gewesen sein. Der Feind empfing das württembergsche Bataillon mit kleinen Gewehrfeuer; grobes Geschütz hatten sie nicht. Sobald die Württemberger ausgeschifft waren, sammelten sie sich und warfen den Feind.

Ein Dorf, welches die Östreicher hartnäckig verteidigten, wurde durch die sächs. Haubitze beim zweiten Schuss in Brand gesteckt.

Die Östreicher wurden über 2 Stunden zurück getrieben. Nach einiger Zeit gingen die Württemberger auf das diesseitige Ufer wieder zurück. Der Leut. Zandt hat 21 Kugeln verschossen und 17 Granaten geworfen. Von

Seiten des General Vandamme ist für den Leut. Zandt ein vorteilhafter Rapport an den Kaiser gemacht worden; gedachter General hat auch unser Kanonenpulver untersucht, es aber für schlecht befunden.

Es war heute der Namenstag des Prinzen; die Generalität und Stabsoffiziers gratulierten dem Prinzen zu diesem Tage.

25^{n} Juni Denen eingegangenen Nachrichten zu folge, ist heute die Division Dupas nach Wien aufgebrochen. Die Infanterie-Brigaden der 1ten Division bezogen dagegen das Lager der Division Dupas.

Leut. Schaller kam heute von Wien zurück und brachte tröstende Nachrichten vom Kaiser in Hinsicht der Verhältnisse in Sachsen.

Das Thielmannsche Korps hat sich bis Erfurt zurück gezogen und erwartet westphälische Truppen, um in deren Vereinigung die Östreicher wieder aus Sachsen zu vertreiben.

Leutnant Schaller wurde von hier ebenfalls heute noch nach Frankfurt abgefertigt.

Die nach Sachsen zugehenden Offiziere und Unteroffiziere befänden sich in Regensburg und sollen den Umständen gemäß nach Landshut gehen.

Den 26^{n} Juni In der nämlichen Position. Es wurden heute Leute, die bei einer Fouragierung geplündert hatten, durch Spießruten und Prügeln auf den Hintern bestraft.

Der Prinz verlegt sein Hauptquartier nach Wien.

Den 27^{n} Juni Das Hauptquartier des sächs. Korps ward nach Sichartskirchen verlegt. In der Stellung des Korps wurden einige Veränderungen vorgenommen:

a) Das Schützen-Bataillon Metzsch, Grenadier-Bataillon von Radeloff und Winckelmann stießen zu der Division Dupas bei Wien

b) Die Husaren und Pr. Clemens Dragoner kamen in Kantonierung nach Rieth und Weinshirlt auf der Straße nach Wien

c) Die Dragoner Pr. Johann nach Sichartskirchen

d) Das Garde-Bataillon nach Rappelskirchen

e) Das Grenadier-Bataillon Hacke verlässt Wilhelmsburg und vereinigt sich in dem Lager bei Sichartskirchen mit der Brigade Hartitzsch und Zeschau

f) Zwei Schwadronen Karabiniers rücken von Wilhelmsburg nach Perschlingen

g) Die Brigade Lecoq und Steindel nebst dem Regiment Garde-Kürassiers und der Garde du Corps, unter den Befehlen des Generalleutnant von Polenz, bleiben im Lager bei St. Pölten stehen; desgl. der Artillerie-Park und die Equipage.

Den 28^{n} Juni Nichts veränderliches. Seit heute wird die Witterung wieder besser.

Den 29^{n} Juni In derselben Stellung. Es gehen täglich starke französische Munitionstransporte zur Großen Armee. Der Herr Generalmajor von Lecoq verlegte sein Quartier in die Kattunfabrik; einer seiner Adjutanten, der die Tour hat, bleibt des nachts auf dem Bivouac:

Den 30[n] Nichts Bemerkenswertes.

Den 1sten Juli Es kam die Order an, dass die Brigade Lecoq sofort aufbrechen sollte, um nach Sichartskirchen vorzurücken, wo sie neue Befehle erhalten würde.

Mittags um 12 Uhr brach die Brigade nebst dem Generalstab der 2ten Division auf, marschierte auf der großen Chaussee und erreichte Abends um ½ 10 Uhr Sichartskirchen. Die Brigade lagerte sich in die Hütten hinter Sichartskirchen, welche die Brigaden Hartitzsch und Zeschau verlassen hatten. In Sichartskirchen fand der General Polenz die Order, dass die Brigade Lecoq früh um 2 Uhr wieder aufbrechen sollte, um in Hütteldorf neue Befehle zu erhalten. In Sichartskirchen erhielt die Mannschaft gar nichts an Lebensmitteln. General Lecoq legte sich nach Sichartskirchen.

Den 2[n] Juli Dem gegebenen Befehl zufolge marschierte die Brigade um 2 Uhr früh ab und kam gegen 9 Uhr Vormittag in Hütteldorf an. Der Prinz war noch in dem Orte, ging aber während die Brigade defilierte, nach Ebersdorf ab. Der Prinz befahl, dass die Brigade bis 12 Uhr ruhen und kochen sollte, um dann ebenfalls nach Ebersdorf zu folgen.

Es wurde in Hütteldorf Fleisch auf einen Tag gegeben und Geld in Empfang genommen.

Die Mannschaft war sehr fatiquiert. Um ½ 12 Uhr wurde wieder aufgebrochen. Von hier bis Wien ist die Chaussee mit schönen Landhäusern garniert, auch lag rechts in einer kleinen Entfernung das kaiserliche Lustschloss Schönbrunn. Die Brigade erreichte die Mariahilferlinie, defilierte durch die Mariahilfer Vorstadt bis zum Glacis, passierte die St. Marchusterlinie, ging durch Simmering und schlug sich dann links weg nach Ebersdorf zu.

Nachmittags um 6 Uhr kam die Brigade in ihrem Bivouac an, wo sie sich mit der 1sten Division vereinigte.

Die Soldaten waren äußerst ermattet und ohngeachtet aller Bemühungen des Generals, der Stabs- und Oberoffiziere blieben gegen 300 Mann von der Brigade zurück.

Den 3[n] Juli Das Korps hielt Order Abends um 11 Uhr sich marschfertig zu halten, um auf die Lobau-Insel überzugehen. Früh zwischen 3 und 4 Uhr ging die Brigade, nachdem das Korps rechts abmarschiert war, auf die Insel über.

Das Korps passierte 4 Brücken, welche über ebenso viele Donauarme gelegt waren. Diese Brücken waren teils mit Donaukähnen, teils mit Schalhölzern erbaut; über jeden dieser Donauarme waren aber wenigstens 3 Brücken gelegt und man baute noch an mehreren.

Die Brigade Steindel kam heute gegen Mittag ebenfalls an.

Der Prinz und die Generalstäbe beider Divisionen biwakierten bei den Truppen. Es standen sehr viele Truppen auf der Insel, die aber in ihren Bivouacs, gedeckt durch eine Menge Gestrüpp, ihrer Stärke nach nicht zu schätzen waren. Die Brücken der Insel waren durch Brückenköpfe gedeckt, an denen man noch baute.

Hat man die Insel Lobau erreicht, so ist man durch einen einzigen Arm der Donau vom jenseitigen Ufer getrennt.

Man glaubt, dass das jenseitige Ufer bereits von französischen Truppen besetzt sei, wenigstens ist es gewiss, dass man an Brücken über den letzten Donauarm arbeitet. Einzelne Kanonenschüsse, welche wahrscheinlich auf die Arbeiter gerichtet sind, scheinen dies zu bestätigen.

Den 4^{n} Juli Nicht veränderliches in der Stellung des Korps. In der Nacht zum 5^{n} ging der Marschall Davout, der bisher bei Pressburg stand, unterhalb Enzersdorf über die Donau und eroberte die Position bei Enzersdorf, bei welcher Gelegenheit dieses Städtchen eingeäschert wurde.

In eben dieser Nacht wurde wahrscheinlich der Bau der Brücken über den letzten Arm der Donau geendigt. Die Östreicher suchten dies durch eine lebhafte Kanonade zu hindern und da der Feind wahrscheinlich auch von der Menge Truppen, die sich auf der Insel anhäufen, Nachricht haben mochte, so überschüttete er die Insel mit einem Kugelregen und Granatenhagel. Das brennende Enzersdorf, diese fürchterliche Kanonade und ein ununterbrochener Regen machte diese Nacht zu einer wahren Schreckensnacht. Das sächsische Korps verlor in dieser Nacht mehrere Leute an Toten und Blessierten.; nicht 20 Schritte von der Baracke des Generals wurde einem Hautboisten von Cerrini der Kopf durch eine Kanonenkugel zerschmettert.

Den 5^{n} Juli Früh um 9 Uhr erhielt das Korps Order zum Marsch. Es wurde links abmarschiert und über den letzten Donau-Arm unterhalb Enzersdorf gegangen, wo wir bereits die ganze große Armee mit dem Feind engagiert fanden.

Die Schlacht wurde bald sehr allgemein. Gegen Abend, als der General von Lecoq mit seiner Brigade das Dorf Deutsch-Wagram attackieren musste, wurde der General an der Spitze des Bataillons von Low in den linken Oberarm blessiert. Dem ohngeachtet blieb der General noch auf dem Schlachtfeld und führte sowohl das Bataillon Cerrini als auch einige Bataillons von denen andern herbei geeilten Brigaden gegen den Feind. Wie der General das Bataillon Cerrini vorführte, wurde ihm das Pferd durch eine Kanonenkugel unterm Leib getötet. Nun erst ging der General zurück, begleitet von seinen beiden Adjutanten. Der General ließ sich von Regiments-Chirurgus Jäger vom Bataillon Low im nächsten Wirtshause verbinden und blieb die Nacht über im Dorfe Preitenlee, wo der Marschall Massena sein Haupt-quartier hatte, dessen Armeekorps in der Nähe dieses Dorfes biwakierte.

Den 6^{n} Juli Der General ging mit dem Regiments-Chirurgus Jäger und seinen Brigade-Adjutanten nach Wien. Von früh 5 Uhr an war der Kanonendonner wieder zu hören. Die Schlacht begann von neuem und durch das immer näher kommende Schlachtgetöse musste man vermuten, dass die französische Armee retiriert.

Die Grenadier-Bataillone von Winkelmann und von Bose waren an beiden Tagen nicht mit auf dem Schlachtfeld, sie hielten die Brückenköpfe auf der Lobau-Insel besetzt.

Gegen Abend entfernte sich der Kanonendonner und man erhielt die Nachricht, dass die Schlacht für die französischen Truppen entschieden gewonnen wäre.

Den 7^{n} Juli Befand sich der General mit dem Regiments-Chirurgus Jäger und seinen beiden Adjutanten in Wien. Er erfuhr, dass das sächsische Korps ein Lager bei Ingersdorf bezogen habe.

Den 8^{n} Juli Der General schickte seine beiden Adjutanten zur Brigade, deren Kommando nach den General der Oberstleutnant von Mellentin übernommen hat.

Den 9^{n} Juli Der Oberstleut. von Mellentin wurde heute von einem heftigen Nervenfieber überfallen und musste sich nach Wien transportieren lassen. Der Oberstleut. von Ehrenstein übernahm indessen das Kommando der Brigade.

Das sächsische Korps sang heute ein Te Deum.

Die Feierlichkeit dieser Zeremonie, das Gefühl der eigenen überstandenen Gefahr, die Ansicht der zusammen geschmolzenen Bataillone machte diesen religiösen Akt höchst rührend.

Es gingen heute Kommandos auf das Schlachtfeld, um die Blessierten aufzusuchen, zu verbinden und so viel wie möglich in die Hospitäler zu transportieren. Gleiche Kommandos wurden ausgeschickt, um verloren gegangene Armatur aufzufinden.

Gegen Abend wurde das Korps alarmiert. Der General Gutschmidt hatte gegen Marchegg zu ein Gefecht mit der östreichischen Arriergarde des Erzherzog Johann gehabt; auch rückte bloß das Regiment Pr. Johann zur

Unterstützung des Generals Gutschmidt vor. Der Prinz beritt die Front der ohne Gewehr aufgestellten Truppen.

Den 10^{n} Juli Es übernahm heute das Kommando des Sächs. Korps der Divisions-General Reynier. Der Prinz geht nach Frankreich zurück.

Das Korps brach früh um 9 Uhr auf und marschierte nach Siebenbrunn, um sich mit der Italienischen Armee zu vereinigen. Es wurde ein Bivouac bei diesen Dorf bezogen; der Vizekönig hatte sein Hauptquartier in Ober-Siebenbrunn.

Den 11^{n} Juli Früh 6 Uhr brach das Sächs. Korps auf. Ein heftiges Gewitter von einem schrecklichen Regenguss begleitet machte diesen Marsch, in dem lehmigen Boden des Marchfeldes, höchst beschwerlich. Eine halbe Stunde hinter Marchegg machte das Sächs. Korps halt, marschierte hinter einem Busch, gedeckt von kleinen vorliegenden Hügeln, in Kolonnen zu einem Bataillon formiert auf und erwartete teils einige französ. Truppen, die noch zurück waren, teils auch die Resultate der Patrouillen, die vorgeschickt wurden, um die Gegend zu durchsuchen. Man vermutete in Marchegg noch Oestreicher. General Gutschmidt, der sich hier mit dem Sächs. Korps vereinigte, patrouillierte mit der ganzen Kavallerie, außer der Kürassierbrigade, und den zwei Schützen-Bataillons die Gegend und selbst das Städtchen Marchegg ab. Eine Deputation kam aus der Stadt dem General Reynier entgegen, um ihm zu melden, dass sich innerhalb ihrer Mauern kein Feind befände und um Schonung des Städtchens zu bitten. Das Sächs. Korps rückte durch Marchegg und bezog hinter dem Städtchen einen Bivouac. Das Städtchen Marchegg war zur Verteidigung eingerichtet worden. Den Ein- und Ausgang deckten zwei schön und reinlich gebaute Redouten, die gut platziert waren; wo die Ringmauer Lücken hatte, war sie durch aufgeworfene Brustwehren und vorliegenden Graben ergänzt.

Den 12^{n} Juli Das Sächs. Korps blieb in der Stellung bei Marchegg stehen. Es wurde an der Wiederherstellung der Brücke bei Angern gearbeitet, wozu die sämtl. Zimmerleute und auch Mannschaften gegeben wurden. Auch bei Marchegg sollte eine Brücke geschlagen werden, allein das Wasser der March stieg so stark, dass man diese Arbeit einstellte und bloß durch eine Fähre die Kommunikation mit dem jenseitigen Ufer, auf welchem unsere Avantgarde bereits übergesetzt war, erlangte.

Den 13^{n} Juli Es wurde heut dem Truppenkorps der im Lager von Znaim abgeschlossene Waffenstillstand bekannt gemacht. Der Oberstleut. von Ehrenstein wurde krank und die Brigade kam unter die Befehle des General Steindel. Dieser General kommandiert daher die Infanterie der 2ten Division sowie der General Zeschau diejenige der 1sten Division. Letzterer General erhielt auch noch ein Oberkommando über die im Lager stehende Infanterie, da der General von Steindel sich krankheitshalber in der Stadt aufhalten musste.

Der Leut. v.Einsiedel ging heute zum General nach Wien.

Die Avantgarde hatte heute noch eine kleine brillante Affaire bei Stampfen, wobei eine Abteilung Dragoner von Pr. Johann, angeführt vom Oberstleut. v.Engel und das Schützen-Bataillon Egidy dem Feind 1 Kanone und 1 Fahne abnahmen sowie einen Obersten, mehrere Offiziers und 300 Mann zu Gefangenen machten.

Obgleich den Östreichern der Waffenstillstand bekannt gemacht worden war, so veranlassten sie doch dieses Gefecht, indem sie unvermutet die Leib-Eskadron von Pr. Johann und ein Kommando Schützen überfielen. Nach diesem Gefecht nahmen unsere Truppen von Stampfen Besitz und die Demarkationslinie wurde mit den Östreichern berichtigt. Der Ort Stampfen hat bei diesem Gefecht durch unsere Truppen sehr gelitten.

Den 14[n] Juli Das Korps erhielt schon am frühesten Morgen Order, sich marschfertig zu halten; es sollte nach Stockerau aufbrechen. Gegen 7 Uhr Vormittags ging jedoch ein neuer Befehl ein, welcher das Korps in die Gegend von Pressburg bestimmte. Die Direktion des Marsches ging über Stampfen und es musste die March passiert werden. Dieser Fluss – von der Stärke der Freiberger Mulde – wuchs seit einigen Tagen, sodass man die angefangenen Arbeiten, eine Brücke bei Marchegg zu schlagen, wieder einstellen musste. Es gab daher nur zwei Übergänge: die wiederhergestellte Brücke unterhalb Marchegg bei Angern und eine kleine Fähre bei Marchegg, die kaum 60 – 70 Mann fasste. Die Kavallerie, die Artillerie und alle Wagen, außer die Wagen des kommandierenden Generalleut. und zwei Wagen des Herrn General-Intendanten, wurden über Angern dirigiert, welches ein Umweg von 5 Stunden war; die Infanterie wurde dagegen bei Marchegg übergesetzt. Dies Expedition dauerte von früh 9 Uhr bis in die Nacht 11 Uhr. So sowie ein Bataillon am jenseitigen Ufer sich gesammelt hatte, marschierte es nach Stampfen zu ab. Die Infanterie der 1sten Division ruhte bei diesem Ort einige Stunden aus, um die Brigaden wieder zu vereinigen und setzte dann ihren Marsch noch bis Pressburg fort. Die Infanterie der 2ten Division, deren letztes Bataillon früh nach 2 Uhr erst bei Stampfen eintraf, biwakierte bei diesem Orte. Der General-Major von Steindel war von seiner Krankheit soweit wieder hergestellt, dass er das Kommando seiner eigenen und der Brigade Lecoq übernehmen konnte.

Den 15^{n} Juli Die 1ste Division besetzte schon Tags zuvor, wie bereits bemerkt worden, Pressburg und die 2te Division konzentrierte sich bei Blumenau, wo sie folgende Delogierung erhielt:

Hauptquartier Pressburg

Generalmaj: von Gutschmidt
Chev.leg. Reg. Pr. Clemens
Husarendetachement
Schützen-Bataillon Egidy alle Pressburg

Generalmaj: von Zeschau
1 Bat: Leibgarde
1 Gren.-Bat: Bose
1 Gren.-Bat: Radeloff
1 Musk.-Bat. König
1 Musk.-Bat. Niesemeuschel
1 Musk.-Bat. Klengel
1 Schützen-Bat. Metzsch alle Pressburg

Generalmaj: von Lecoq Pressburg

1 Musk.-Bat. Pr. Clemens	Blumenau
1 Musk.-Bat. v.Cerrini	Kaltenbrunn
1 Musk.-Bat. v.Low	Wiesternitz
Generalleut: von Polenz	Stampfen
Generalmaj: von Steindel	Stampfen
1 Musk.-Bat. Pr. Anton	Stampfen
1 Musk.-Bat. Pr. Friedrich	Laub u. Zankendorf
1 Musk.-Bat. Pr. Max	Hochstetten
Chev.leg. Reg. Pr. Johann	Malazka, Gayern, Kyreboletz
Leib-Kür.-Garde	St. Johann, Gr. u.Kl.Schitzen, Gayern
Garde du Corps	Zankendorf, Laub, Jacobsdorf
Carabiniers	Moost, Zahor
Sämtl. Batterien	Pressburg
Artilleriepark	Teben, Neudorf
1 Gren.-Bat. Hake	a. d. Insel Napoleon
1 Gren.-Bat. Winckelmann	bei Wien

Die Mannschaften, welche nach dieser Delogierung in Malazka und Gayern stehen, standen in Anfang in Stampfen, wurden dann aber in gedachte Orte verlegt.

Das Hauptquartier des Vizekönigs ist in Schlosshof und das des General Reynier und v.Zezschwitz zu Pressburg.

Die Truppen erhalten ihre Verpflegung aus Pressburg und bekommen tgl. 1 ½ Pfund Brot, ½ Pfund Fleisch und ½ Maß ungar. Bier oder ¼ Maß ungar. Wein. Zugemüse müssen die Ortschaften geben. Die Offiziere erhalten ihre Verpflegung in den Ortschaften; diese Verpflegung ist gut, da die Dörfer in der hiesigen Gegend größtenteils reichen Gutsbesitzern gehören, welche den Mittags- und

Abendtisch der Offiziere in jedem Kantonnement im Ganzen besorgen lassen.

Die Demarkationslinie zieht sich, laut des Tagesbefehls Obersiebenbrunn am 13^n^ Juli: *„ von der Seite von Ober-Östreich an die Grenze von Böhmen, dann dem Znaymer und Brünner Kreis herab, welche von der Grenze von Mähren folgendergestalt gegen Raab verlängert wird: nämlich sie fängt von dem Punkte an, wo die Grenze des Brünner Kreises die March berührt, geht die March bis an den Einfluss der Teja herunter, von da nach St. Johann an der Straße herunter bis Pressburg, Pressburg und eine halbe Stunde im Umkreis dieser Stadt eingeschlossen, an den Hauptfluss der Donau bis zum Einfluss der Raab und eine Stunde im Umkreis mit eingeschlossen, von da an der Raab bis an die Grenze von Steiermark, Krain und Fiume herunter. Bloß die Bedingung wegen Fiume wird der Ratifikation des Erzherzogs Karl unterworfen."*

Dieser Tagesbefehl sagt weiter nach dem 3ten Artikel des abgeschlossenen Waffenstillstandes: *„Die Zitadellen von Brünn und von Graz werden sogleich nach Unterzeichnung dieses Waffenstillstandes von den östreichischen Truppen geräumt."*

Der 4te Artikel sagt: *„Das Detachement östr. Truppen in Tirol und Vorarlberg räumt beide Länder. Das Schloss Sachsenburg wird den französ. Truppen eingeräumt."*

Der 6te Artikel bestimmt: *„Das in Polen beide Armeen in der Stellung verbleiben, die sie dato besetzt halten."*

Im 7ten Artikel wird endlich bestimmt: *„dass dieser Waffenstillstand einen Monat dauern soll und jeder Teil,* *der die Feindseligkeiten wieder anfangen will, dem andern 15 Tage vorher davon benachrichtigen muss."*

Festgesetzt und unterzeichnet vom Freiherrn vom Wimpfen, Kaiserl. Östreich. Generalmaj: und Chef des Generalstabes und S[r]. Durchl: dem Pr. von Neufchatel im Lager bei Znaim am 12[n] Juli.

Den 16[n] Juli Nichts veränderliches in der Stellung des Korps. Die Truppen in den Kantonnements setzen Sicherheitswachen aus und alle Kommunikation mit den Östreichern ist verboten.

Den 17[n] Juli Der Hr. Generalmajor von Lecoq kam heute in Pressburg an, nachdem er, durch eine falsche Nachricht veranlasst, das Sächs. Korps bei Stockerau aufgesucht hatte.

Den 18[n] Juli Der Hr. Generalmajor von Lecoq beorderte heute den Brigade-Adjutant von Koppenfels zu sich nach Pressburg, wo der Hr. General sein Quartier nahm. Die Ankunft des Hrn. Generals wurde der Brigade bekannt gemacht. Der Adjutant von Einsiedel kam ebenfalls heute mit der Equipage an, begleitet von dem Regiments-Chirurgus Jäger.

Den 19[n] Juli Nichts veränderliches

Den 20[n] und 21[n] Juli Desgl.

Den 22[n] Juli Die Herren Brigadiere hielten heut Revue über die präsente Mannschaft. Die Brigade Lecoq versammelte sich zwischen Blumenau und Bisternitz, wo der Hr. General mit einem frohen Vivat empfangen wurde. Die Bataillons-Kommandanten mussten Anzeigen über den wahren Bedarf an Portionen und Rationen eingeben, welche der General-Intendantur übersendet wurden.

Den 23^{n} Juli Der Major von Klüx, welcher bisher das Bataillon Pr. Clemens kommandiert hatte, ging Krankheitshalber nach Pressburg; dagegen übernahm der Major von Polenz das Kommando dieses Bataillons.

Den 24^{n} Juli Nichts veränderliches

Den 25^{n} Juli Das Bataillon Pr. Clemens wurde heute nach Kitsee kommandiert, um östreichiche Kriegsgefangene zu bewachen, die sich dort versammelten, um ausgewechselt zu werden.

Den 26^{n} Juli Die erste Division vom Bat. v.Cerrini wurde heute nach Blumenau verlegt.

Den 27^{n} Juli Vier Kanonen von der Batterie Coudray nebst der dazu gehörigen Artilleriemannschaft, Pferden und Knechten wurden nach Blumenau gelegt. Hauptmann Coudray ist noch krank zu Wien, weshalb der Pr.Leut. Zandt das Kommando der Batterie hat.

Den 28^{n} Juli Das Bataillon Pr. Clemens kam heute mit 1.500 östreich. Kriegsgefangenen von Kitsee zurück. Die Gefangenen wurden durch einen Offizier vom französischen General-Stab den östreichischen Vorposten übergeben und das Bataillon Pr. Clemens kehrte in sein vorheriges Kantonierungsquartier Blumenau zurück. Die Division vom Bat. Cerrini, welche seit dem 26^{n} dieses Blumenau besetzt hielt, vereinigte sich wieder mit dem Bataillon zu Kaltenbrunn; die Batterie Coudray blieb aber in Blumenau stehen. Gegen Abend ging der

General, begleitet von seinen beiden Adjutanten, nach Stampfen.

Den 29^{n} Juli Die Infanterie der 2ten Division hatte heute Revue vor dem Herrn General Reynier; die Bataillons versammelten sich zu diesem Behuf früh 6 Uhr bei Stampfen. Es wurden einige Handgriffe und die Chargierung Bataillonsweise und einige Bewegungen im Ganzen gemacht. General v.Lecoq kommandierte wegen der Krankheit des General v.Steindel, beide Brigaden.

Den 29^{n} Juli bis mit 1sten August Nichts veränderliches

Den 2^{n} August Es wurde heute auf Befehl des Hrn. General Reynier Revue über die Armatur und Lederwerk der Mannschaft gehalten. Der Hr. Generalmajor von Lecoq hielt diese Revue in den Kantonierungsquartieren der Bataillons, begleitet von den Artillerie-Offizieren Zandt und Hannemann. Die Bataillone geben Listen über die Resultate dieser Revue, vorzüglich über die Anzahl der in den Bataillons befindlichen fremden Gewehre, ein.

Den 3^{n} August Der Hr. Generalmajor von Gutschmidt führte heute mit der unter ihm stehenden Kavallerie und der reitenden Artillerie ein kleines Manöver im Beisein des General Reynier aus. Diese Truppen versammelten sich früh 6 Uhr auf den Exerzierplatz bei Preßburg.

Den 5^{n} August Die Brigade exerzierte heute in Divisions und Bataillons, jedes Bataillon in der Nähe seiner Kantonierung.

Den 6^{n} August Nichts veränderliches

Den 7^{n} August Es wurde Divisionsweise und dann in Bataillons von der Brigade exerziert.

Den 8^{n} August Nichts veränderliches

Den 9^{n} August Die Bataillons der Brigade exerzierten wie am 7ten dieses.

Den 10^{n} August Nichts veränderliches

Den 11^{n} August Der Hr. Generalmajor von Lecoq versammelte diesen Vormittag die Brigade zwischen Blumenau und Bisternitz und exerzierte mit selbiger im Ganzen.

Den 12^{n} bis mit 14^{n} August Nichts veränderliches

Den 15^{n} August Es wurde heute Napoleonstag gefeiert. Früh mit Sonnenaufgang verkündeten Artilleriesalven vom Schlossberg herab die Feier des Tages.

Die in Preßburg stehenden Truppen rückten auf ihren gewöhnliche Exerzierplatz und vor der Front dieser Truppen wurden von den kommandierenden Generalleutnant von Zezschwitz an diejenigen Offiziers, Unteroffiziers und Gemeinen das Band des St. Heinrichs Ordens und der Verdienstmedaille verteilt, die Sr. Majestät der König zu Rittern dieses Ordens ernannt und mit Medaillen beschenkt hatte. Nach dieser Zeremonie feuerten die Truppen und marschierten in die Stadt zurück.

Gegen Mittag war große Messe und Hochamt in der Domkirche.

Abends war die Promenade, die öffentlichen Gebäude und die Häuser der Herren Generals erleuchtet und im Theater großer Ball.

Der Kaiser hatte zur Bewirtung eines jeden Soldaten 1 ½ Franc und für jeden Offizier 6 Franc bewilligt.

Den 16n bis mit 18n August Nichts veränderliches

Den 19n August Ward in der Brigade exerziert

Den 20n bis mit 29n August Nichts veränderliches.

Den 30n August Es wurde heute von der Brigade in Bataillons exerziert. Als der Hr. General von Lecoq sich im Hofe seines Quartiers aufs Pferd setzen wollte, hatte der General das Unglück zu stürzen. Der General wurde zwar nicht gefährlich beschädigt, konnte aber doch diesen Tag nicht reiten.

Den 31n August Noch am gestrigen Abend erhielt der Herr General das Avertissement, das vielleicht heute Revue sein könnte. Heute früh gegen 6 Uhr traf ganz unvermutet der Kaiser Napoleon in Preßburg ein, beritt die ausgestellten Posten auf der Demarkationslinie und ging ohne sich aufzuhalten noch diesen Tag bis ungar: Altenburg. Der Kaiser war zufällig zum Exerzieren der Brigade Zeschau gekommen und hatte einige Griffe machen lassen.

Den 1sten Septbr. Es konzentrierte sich heute die 2te Divisionen – Infanterie und Kavallerie – bei Stampfen und hatte Revue vor dem General Reynier.

Den 2n und 3n Septbr. Nichts veränderliches.

Den 4^{n} Septbr. Der Herr General von Lecoq ließ heute die Bataillons exerzieren.

Den 5^{n} bis mit 11^{n} Septbr. Nichts veränderliches

Den 12^{n} Septbr. Die Herrn Brigadiers erhielten heute die Order, dass die Infanterie des Sächs. Korps zwei Lager beziehen sollte. Die 1ste Division kommt bei Preßburg und die 2te Division bei Neudorff an der March zu stehen.

Den 13^{n} Septbr. Die Bataillons der Brigade rückten heute früh um 10 Uhr ins Lager bei Neudorff. Die Baracken bestehen aus Strohhütten, wozu die Materialien nach und nach sehr sparsam geliefert wurden. Das Lager steht auf einer sanften Anhöhe vor dem Dorfe Neudorff, wo die March vorbei und in der Entfernung von einer Stunde – bei Theben – in die Donau fließt.

Die Mannschaft erhält ihre Verpflegung aus dem Magazin zu Preßburg; die Offiziere bekommen doppelte Portionen.

Die Herrn Generals von Lecoq und von Steindel liegen in Neudorff.

Außer den gewöhnlichen Lagerwachen, traten mit der Dämmerung noch Piquets pro Brigade 1 Offz. 30 Mann bis zum Anbruch des Tages – als Feldwachen postiert – auf. Der Premierleutnant von Vittinghoff vom Regiment Cerrini ist Platzkommandant in Neudorff und hat eine Polizeiwache, die täglich abgelöst wird, zu seiner Disposition.

Die Batterie Huthsteiner kantoniert ebenfalls in Neudorff.

Etat der Infanterie-Brigade von Lecoq beim Abmarsch aus dem Kantonnement bei Dresden am 15^{n} April 1809

	Clemens	Cerrini	Low	Gesamt
Stab				
Obersten	1	1	1	3
Oberstleutnants	1	1		2
Majors	2	2	2	6
Reg.-Quartier-Ms.	1	1	1	3
Adjutanten	2	2	2	6
Auditeur	1	1	1	3
Reg.-Chirurg	1	1	1	3
Fahnjunkers	2	2	2	6
Reg.-Tambour		1	1	2
Stabs-Chirurgus			1	1
Profos mit Knecht	1	1	1	3
Divisionen				
Kapitäns	5	5	5	15
Stab-Kapitäns	3	3	3	9
Premierleutnant	7	7	7	21
Sousleutnant	6	8	8	22
Fähnrichs	7	8	8	23
Feldwebel	8	8	8	24
Sergeanten	16	12	9	37
Fouriers	8	8	8	24
Chirurgen	7	8	7	22
Korporals	56	60	58	174
Hautb. + Pfeiffer	16	16	16	48
Tambours	23	23	23	69
Zimmerleute	16	16	16	48
Musketiers	1.053	1.045	1.047	3.145
Summa	1.243	1.240	1.236	3.719

<u>Etat der Infanterie-Brigade von Lecoq bei der Formierung am 12ⁿ Juni 1809</u>

	Clemens	Cerrini	Low	Gesamt
Stab				
Obersten				0
Oberstleutnants	1	1		2
Majors	1	1	2	4
Reg.-Quartier-Ms.		1	1	2
Adjutanten	2	1	1	4
Auditeur		1		1
Reg.-Chirurg	1	1	1	3
Fahnjunkers	1	1	1	3
Reg.-Tambour	1	1	1	3
Stabs-Chirurgus	1	1	1	3
Profos mit Knecht		1		1
Divisionen				
Kapitäns	1	1	2	4
Stab-Kapitäns	3	3	2	8
Premierleutnant	3	5	6	14
Sousleutnant	5	3	2	10
Fähnrichs	4	4	4	12
Feldwebel	4	4	4	12
Sergeanten	12	12	12	36
Fouriers	4	4	4	12
Chirurgen	4	4	4	12
Korporals	42	40	40	122
Hautb. + Pfeiffer	14	16	16	46
Tambours	17	20	20	57
Zimmerleute	14	14	14	42
Musketiers	874	883	882	2.639
Summa	1.009	1.023	1.020	3.052

Etat der Infanterie-Brigade von Lecoq beim Abmarsch zur Schlacht am 5^{n} Juli 1809

	Clemens	Cerrini	Low	Gesamt
Stab				
Oberstleutnants	1	1		2
Majors	1	1	2	4
Adjutanten	2	1	1	4
Reg.-Chirurg	1	1	1	3
Fahnjunkers	1	1	1	3
Reg.-Tambour		1	1	2
Stabs-Chirurgus	1	1	1	3
Divisionen				
Kapitäns	1	1		2
Stab-Kapitäns	3	3	2	8
Premierleutnant	1	5	5	11
Sousleutnant	4	2	2	8
Fähnrichs	4	4	4	12
Feldwebel	2	4	4	10
Sergeanten	7	10	9	26
Chirurgen	4	4	4	12
Korporals	38	36	28	102
Tambours	14	14	18	46
Zimmerleute	10	12	14	36
Musketiers	606	724	709	2.039
Summa	701	826	806	2.333

Etat der Infanterie-Brigade von Lecoq auf dem Schlachtfeld früh am 6^{n} Juli 1809

	Clemens	Cerrini	Low	Gesamt
Stab				
Oberstleutnants	1	1		2
Majors		1	1	2
Adjutanten	1	1		2
Reg.-Chirurg	1	1	1	3
Fahnjunkers	1	1		2
Reg.-Tambour		1	1	2
Stabs-Chirurgus	1	1	1	3
Divisionen				
Kapitäns	1			1
Stab-Kapitäns	3	3		6
Premierleutnant	1	4	3	8
Sousleutnant	2	2		4
Fähnrichs	4	3	3	10
Feldwebel	1	4	2	7
Sergeanten	6	10	7	23
Chirurgen	4	3	3	10
Korporals	31	34	16	81
Tambours	12	12	13	37
Zimmerleute	8	11	12	31
Musketiers	478	574	335	1.387
Summa	556	667	398	1.621

Verzeichnis der von der Infanterie-Brigade von Lecoq auf dem Platze am 6^{n} Juli 1809 Gebliebenen

	Clemens	Cerrini	Low	Gesamt
Stab				
Oberstleutnants				0
Majors				0
Adjutanten				0
Reg.-Chirurg				0
Fahnjunkers				0
Reg.-Tambour				0
Stabs-Chirurgus				0
Divisionen				
Kapitäns	1			1
Stab-Kapitäns	1			1
Premierleutnant		1		1
Sousleutnant	1			1
Fähnrichs				0
Feldwebel			1	1
Sergeanten			1	1
Chirurgen				0
Korporals	1	1	5	7
Tambours		1	2	3
Zimmerleute				0
Musketiers	44	29	139	212
Summa	48	32	148	228

Hierunter befanden sich namentlich die Offiziere:

Bat. Clemens: 1 Kapt. Beyer, 1 Kapt. von Witzleben 1te, 1 Sousleut. Von Kraussau

Bat. Cerrini: 1 Prem.leut. von Larisch 1te

NB: wurden sämtlich erschossen

Verzeichnis der Blessierten der Infanterie-Brigade von Lecoq in der Schlacht am 5^n und 6^n Juli 1809

	Clemens	Cerrini	Low	Gesamt
Stab				
Oberstleutnants				0
Majors	1		2	3
Adjutanten	1			1
Reg.-Chirurg				0
Fahnjunkers			1	1
Reg.-Tambour				0
Stabs-Chirurgus				0
Divisionen				
Kapitäns		1		1
Stab-Kapitäns			2	2
Premierleutnant	1		1	2
Sousleutnant	1		2	3
Fähnrichs		1	1	2
Feldwebel	1	1	1	3
Sergeanten	1		1	2
Chirurgen				0
Korporals	14	10	7	31
Tambours	1	1	3	5
Zimmerleute		1	2	3
Musketiers	157	151	206	514
Summa	178	166	229	573

Hierunter befanden sich namentlich die Offiziere:

Bat. Clemens: Major von Werthern (starb an der erhaltenen Wunde)
Prem.leut. und Adjutant von Selchow
Prem.leut. von Hünerkopp
Sousleut. von Besser (starb an der erhaltenen Wunde)

Bat. Cerrini: Kapit. von Bosse
Fähndrich von der Planitz

Bat. Low: Major von Bosse
Major von Polenz
Kapit. von Francois
Kapit. von Hausen
Prem.leut. von Salza
Sousleut. Winter
Sousleut. von Pabst
Fähndrich von Salza

NB: sämtlich durch Schusswunden blessiert

Verzeichnis der Gefangenen und Vermissten von der Infanterie-Brigade von Lecoq nach den Tagen der Schlacht am 5^{n} und 6^{n} Juli 1809

	Clemens	Cerrini	Low	Gesamt
Stab				
Adjutanten			1	1
Divisionen				
Feldwebel		1		1
Chirurgen		1	1	2
Korporals	1			1
Tambours	1			1
Musketiers	14	41	29	84
Summa	16	43	31	90

Etat der Infanterie-Brigade von Lecoq an 21^{n} Januar 1810 als dieselbe die Grenze von Sachsen erreichte

	Clemens	Cerrini	Low	Gesamt
Stab				
Oberstleutnants	1	1		2
Majors		1	2	3
Reg.-Quartier-Ms.		1		1
Adjutanten	2	1	1	4
Auditeur		1		1
Reg.-Chirurg	1	1	1	3
Fahnjunkers	1	1	1	3
Reg.-Tambour	1	1	1	3
Stabs-Chirurgus	1	1	1	3
Profos mit Knecht				0
Divisionen				
Kapitäns	1	1	2	4
Stab-Kapitäns	3	3	1	7
Premierleutnant	3	6	6	15
Sousleutnant	5	2	2	9
Fähnrichs	4	4	4	12
Feldwebel	4	4	4	12
Sergeanten	11	12	12	35
Fouriers	4	4	4	12
Chirurgen	4	2	4	10
Korporals	35	40	38	113
Hautb. + Pfeiffer	13	14	15	42
Tambours	13	18	17	48
Zimmerleute	14	14	14	42
Musketiers	751	770	646	2.167
Summa	872	903	776	2.551

Hiervon wurden jedoch an Blessierten und Kranken in ausländischen Lazaretts zurückgelassen:

Bat. Clemens:	- Offiziers	179 Uffz., Gemeine
Bat. Cerrini:	-	191
Bat. Low:	1 (Slt. Winter)	165
Summa	1 Offizier	535 Uffz., Gemeine

Summarisches Verzeichnis

der bei der Infanterie-Brigade von Lecoq während des Feldzuges von 1809 bis zum 21[n] Januar 1810 an Wunden und Krankheit Gestorbenen, wie auch der Deserteurs und der während des Waffenstillstandes aus den Lazaretts nach Sachsen Zurückgeschickten, durch Blessuren invalid Gewordenen

An Wunden starben

Bataillon Pr. Clemens	1 Major von Werther 1 Sousleutn. von Besser 29 Uffz. u. Gemeine
Bataillon von Cerrini	30 Uffz. u. Gemeine
Bataillon von Low	45 Uffz. u. Gemeine
Summa	106 Mann

An Krankheiten starben

Bataillon Pr. Clemens	38 Uffz. u. Gemeine
Bataillon von Cerrini	38 Uffz. u. Gemeine
Bataillon von Low	27 Uffz. U. Gemeine
Summa	103 Mann

Desertion hatte die Brigade

Bataillon Pr. Clemens	4 Gemeine
Bataillon von Cerrini	12 Gemeine
Bataillon von Low	6 Gemeine
Summa	22 Mann

Summarische Wiederholung

Bataillon	Pr Clemens	von Cerrini	von Low	Summe
Etat bei Formierung bei St. Pölten	1.009	1.023	1.020	3.052
auf dem Platz geblieben	48	32	148	228
an Wunden gestorben	31	30	45	106
an Krankheit gestorben	38	38	27	103
Deserteurs	4	12	6	22
Invaliden, nach Sachsen zurück geschickt	13	8	18	39
Abgang bis zum 21n Jan. 1810	134	120	244	498
Etat der Brigade vom 21n Jan. 1810 inkl. Kranke und Kommandierte	875	903	776	2.554

ϗ✹ϗ

Quellen

Exner – Antheilnahme der Königlich Sächsischen Armee am Feldzug gegen Oesterreich und die kriegerischen Ereignisse in Sachsen im Jahre 1809 – Dresden 1894

Hauptstaatsarchiv Dresden

Bestand 11 339 Generalstab, Akte No. 265

„Tagebuch über den Feldzug 1809, geführt bei der Infanterie-Brigade von Lecoq"

Stamm- und Rangliste der Königlich Sächsischen Armme auf das Jahr 1809 – Dresden 1809

In dieser Reihe sind an Memoiren, Berichten und Tagebüchern weiterhin erschienen:

No.__ Die Berichte der sächsischen Truppen aus dem Feldzug 1806
02 (I) – Brigade Bevilaqua;
35 (IV) Brigade Cerrini

No.19 1812 – Die Sachsen in Russland / Der Feldzug des VII. Armee-Korps in den Tagesbefehlen

No.21 Das Tagebuch von Ernst Ferdinand Aster 1812

No.22 Das Tagebuch von Friedrich Ernst Aster 1812

No.23 1813 – Die Sachsen im eigenen Land / Der Feldzug der sächsischen Truppen im VII. Armee- Korps in den Befehlen und Rapporten

No.__ Friedrich Vollborn –Erlebtes
26 (III) 28.03.1813 bis mit 15.03.1814;
34 (IV) 16.03.1814 bis mit 02.01.1816
40 (I+II) 16.04.1808 bis mit 27.03.1813;

No.37 Die Tagebücher von Johann Carl von Dallwitz (1812 – 1815) und Adolf George von Göphardt (1813)

No.41 Friedrich Gottlieb Probsthayn – Das Tagebuch vom 14.05.1813 bis 29.09.1814

No.42 Chevauxlegers-Regimenter (I): Schriftstücke 1812

No.43 August Friedrich Wilhelm von Leysser - Das Tagebuch des Kommandeur der Garde du Corps 1812

No.__ Carl Friedrich Ferdinand Böhme Tagebuch
45 (I) 21.06.1812 bis mit 09.11.1812;
46 (II) 10.11.1812 bis mit 11.05.1813

No.__ Zur Geschichte der Leib-Grenadier-Garde
47 (I) 14.08. – 14.11.1813;
49 (II) 14.11.1813 – 21.08.1815

No.__ Tagebücher aus dem Feldzug 1809
50 (I): Infanterie-Brigade von Lecoq
51 (II): Carl Kändler und George von Bose